特教学生健康教育

TEJIAO XUESHENG JIANKANG JIAOYU

吴浩宏　王朝晖　主审

蔡静文　刘敦明　主编

中山大學出版社
SUN YAT-SEN UNIVERSITY PRESS
·广州·

图书在版编目（CIP）数据

特教学生健康教育/蔡静文，刘敦明主编．—广州：中山大学出版社，2020.1
ISBN 978-7-306-06776-0

Ⅰ.①特…　Ⅱ.①蔡…②刘…　Ⅲ.①健康教育—特殊教育—中等专业学校—教材
Ⅳ.①G67

中国版本图书馆 CIP 数据核字（2019）第 265328 号

出 版 人：王天琪
策　　划：陈文杰
责任编辑：陈文杰
封面设计：曾　斌
责任校对：梁嘉璐
责任技编：何雅涛
出版发行：中山大学出版社
电　　话：编辑部 020-84111996，84111997，84110779，84113349
　　　　　发行部 020-84111998，84111981，84111160，010-56011225
地　　址：广州市新港西路 135 号
邮　　编：510275　传真：020-84036565
网　　址：http://www.zsup.com.cn　E-mail：zdcbs@mail.sysu.edu.cn
印 刷 者：广州市友盛彩印有限公司
规　　格：787mm×1092mm　1/16　18 印张　416 千字
版次印次：2020 年 1 月第 1 版　　2020 年 1 月第 1 次印刷
定　　价：40.00 元

前　言

步入21世纪的新时代，随着国家对职业教育和特殊教育的日益重视，中职特殊教育得到各地区教育部门的高度重视，许多大中城市的特殊学校都设有中职特教班。近年来，一些职业教育比较发达的地区（如上海、广州等地）也开始尝试在普通中职学校招生开设特教班，利用学校的技能教育培训优势帮助更多的特殊学生学习职业技能，增加他们的就业机会。特殊学生在职业学校进行职业技术学习和培训，既是社会发展的要求，也是特殊学生实现自身价值的需要，更是办人民满意教育的体现。

中职特殊教育是中职教育中不可忽视的一部分，它是残疾人就业以及融入社会的重要渠道。健康教育作为特殊教育中的一门核心课程，贯彻于各个学龄段，它在帮助残障人士普及基本的健康知识、培养基本的健康行为、引导树立健康的生活方式、掌握自我保健和自我保护的基本技能、预防和控制传染病等方面起着重要的作用。

本书是针对特殊教育中职学生开发的健康教育教材，也适用于特殊教育高中学段学生。内容的框架构建在全面健康的内涵上，旨在提升中职特殊学生的健康素养和综合智能，培养健康文明的行为方式，学习自我防护的安全技能，提升社会能力和职业素养，使之更好地适应和融入主流社会。教材根据中职启能学生的年龄及身心发展特点，设计了身体健康、心理健康、社会适应、青春期教育和综合智能训练等五篇，含三十六个学习专题和十个智能训练项目。每个学习专题在内容结构上包含“课前智能拓展”“学习导入”“知识学堂”“感悟体验”“实践运用”和“课堂小结”等六个部分，部分专题还有“家庭作业”，从而使教材更具启发性和实操性。第五篇的“综合智能训练”提供包含注意力、观察力等十项智能训练项目方案，在活动形式和难度上适合不同学生的个体差异，供“课前智能拓展”活动选用，可以直接运用于中职特教班的健康教育课堂中，用于提升学生的综合智能水平，具有较强的教育实操性和参考价值，这也是本书的一大特色和亮点。

本书由蔡静文、刘敦明主编，刘小青、朱秋莹参与编写。具体分工是：刘敦明编写第一篇专题1—3、8—9，第二篇专题4、5，第三篇专题3—5，第四篇专题4；蔡静文编写第一篇专题4—7、10—12，第二篇专题3、8、9，第三篇专题1、2、6，第四篇专题1—3，第五篇专题8；刘小青编写第二篇专题6—7，第三篇专题7—8，第四篇专题5—6，第五篇专题5、7、9、10；朱秋莹编写第二篇专题1、2、10，第五篇专题1—4、6。全书由蔡静文负责策划、架构设计、修改和统稿。

本书也是“广州市教育科学规划（Guangzhou education scientific research project）2017年度重点课题：中职启能班‘健康教育’课程课堂教学模式研究及其教材开发（编号：1201721296）”的研究成果。

在编写过程中，我们参考引用了部分特殊教育和“健康卫生教育”方面的优秀作品，书中的图片和部分资料取材于网络，在此向这些作品的原创作者表示诚挚的感谢！

由于编写者的水平有限，书中尚有诸多待完善之处，欢迎特教专家、使用本书的老师、读者朋友提出批评指正，以便我们进一步修订和完善。

编者

2020年1月

目　　录

第一篇
身体健康

同学们，身体健康是一切健康的基础，是我们正常生活、工作和学习的保证。没有健康的身体，不仅会带给我们病痛的折磨，还会影响正常的工作和学习，降低我们的生活质量。没有强健的身体，就算给我们再多的财富和名利，我们也将无福消受。俗话说，身体是革命的本钱，每个人要想拥有美好的生活和未来，首先要为自己的身体负责，学会好好维护自己的身体健康。

在本篇的学习中，我们将帮助同学们从了解促进健康的途径开始，学习一些基本的身体保健知识，如正确做眼保健操和正确刷牙的方法；了解皮肤外伤、发烧等常见伤病的应对处理；学习如何预防腹泻、中暑以及用药注意事项和就医流程等健康常识；知道流感、登革热和艾滋病等传染病的预防方法。愿我们每个人都能在日常生活中提高对身体的保健意识，加强锻炼，拥有一个健康的体魄。

专题1　促进健康的途经

教学目标

分层能力目标（根据学生的实际能力水平分三个层次：Ⅰ低组；Ⅱ中组；Ⅲ高组）：

（1）了解促进健康的四个因素（Ⅰ、Ⅱ、Ⅲ层次）。

（2）知道四个因素的具体内容和要求（Ⅱ、Ⅲ层次）。

（3）学会按照四个因素的要求调整自己的生活方式（Ⅱ、Ⅲ层次）。

教学准备

查找各种身体健康的相关数据、资料，制作PPT课件。

课前智能拓展

“你说我猜”——表达与理解能力训练，可参考第五篇。

学习导入

我国青少年健康状况不容乐观

- 1985—2014年的30年间，我国学生肥胖检出率呈现快速增长趋势，其中，城市男生肥胖检出率从1985年的0.2%增长到2014年的11.1%。
- 2005—2014年，我国学生视力不良检出率不断增长，2014年，城市学生检出率接近70%，乡村则接近60%，低年龄组视力不良检出率增长更为迅速，视力不良呈现出低龄化趋势。
- 心肺功能发育不充分以及力量、耐力等身体素质持续下降等问题日益突出。

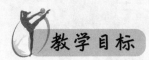

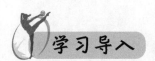

思考与讨论：

以上材料说明了青少年健康的突出问题是什么？你觉得造成这种结果的原因是什么？

知识学堂

一、什么是健康

身体没有疾病就是健康吗？这种看法是不全面的。世界卫生组织对“健康”的解释是：健康不仅指一个人身体没有出现疾病或虚弱现象，还指一个人在生理、心理和社会上的完好状态，包括生理、心理和社会适应性三个方面。

二、影响健康的因素

世界卫生组织指出，在健康长寿的影响指数中，遗传占15%、社会占10%、医疗占8%、气候占7%、自我保健占60%。

随着社会经济、科技进步，当前人类的健康模式和疾病谱发生了重要改变。过去主要危害我国人民健康的传染病不少已被消灭或控制，而一些慢性非传染性疾病，如心脑血管病（高血压、脑卒中、冠心病）、恶性肿瘤、糖尿病，以及精神疾病等已成为威胁人们生命与健康的常见病、多发病。由于这些疾病的发生与个人不健康的生活方式和行为习惯有密切关系，因此又称为“生活方式病”。预防这些疾病的根本办法是提倡自我保健，改变不良行为习惯，建立科学、文明、健康的生活方式。

三、促进健康的途经

世界卫生组织针对严重影响人们健康的不良行为与生活方式，提出了健康四大基石的概念：第一，合理膳食；第二，适量运动；第三，戒烟限酒；第四，心理平衡。

做到这四点，便可解决70%的健康行为问题，使平均寿命延长10年以上。

1. 合理膳食

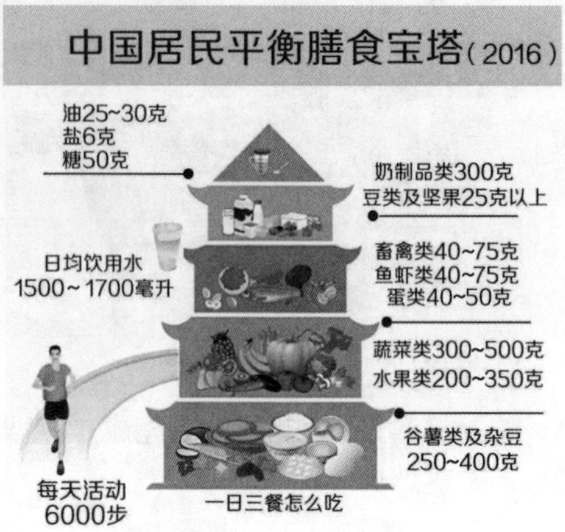

（1）食物多样化，谷类为主，粗细搭配。

（2）多吃蔬菜水果和薯类。

（3）每天吃奶类、大豆或其制品。

（4）常吃适量的鱼、禽、蛋和瘦肉。

（5）减少烹调油用量，吃清淡少盐膳食。

（6）食不过量，天天运动，保持健康体重。

（7）三餐分配要合理，零食要适当。

（8）每天足量饮水，合理选择饮料。

（9）吃新鲜卫生的食物。

2. 适量运动

（1）运动前需做准备活动。

（2）运动强度以运动时稍出汗，轻度呼吸加快但不影响对话为佳，一般锻炼的时间为10～30分钟，每周锻炼3～5次。

（3）要注意循序渐进，不做鼓劲憋气、快速旋转、剧烈用力和深度低头的动作。

（4）当在锻炼过程中出现身体不适、无力、气短时，及时停止运动，必要时就医。

3. 戒烟限酒

（1）燃点香烟的烟雾含约4000种化学物质，至少含有69种致癌物。

（2）中国每年因吸烟死亡的人数逾100万，吸烟者的平均寿命比不吸烟者缩短至少10年。

（3）二手烟中某些有害物质的含量，往往比主流烟还要高，例如2倍的尼古丁、3倍的焦油刺激物、5倍的有害物质。因此，非吸烟者的健康也会因吸食二手烟而受影响，甚至更严重。

（4）国际上有名的医学杂志《柳叶刀》发表了一篇全球数百位科学家大型合作的

研究，这项研究对 195 个国家和地区，来自 1990—2016 年的超过 2800 万人的疾病负担数据分析，得出最终结论：饮酒量无论多少，都严重危害健康，即使少量饮酒，其带来的有益作用也远远比不过其对于健康的负面影响，因此，滴酒不沾才是有效的健康行为。

4. 心理平衡

“笑一笑十年少，愁一愁白了头。”良好的心情，能使身体的免疫系统处于良好状态，不容易生病；即使生了病，也容易恢复健康。乐观、开朗、自信、豁达、友善、宽容、知足、从容，遇事拿得起、放得下，不慌不忙，不急不躁，心态平和，这是健康最大的保障。

心理平衡的六个“三”

“三个正确对待”

正确对待自己，
正确对待他人，
正确对待社会。

“三乐”

助人为乐，
知足常乐，
自得其乐。

感悟体验

请对照合理膳食、适量运动、戒烟限酒、心理平衡的具体要求，检查一下自己平时的生活方式，在以上四个方面有哪些做得好的地方？还有哪些需要改进的地方？据此提出今后的改进方案。

项目	做得好的方面	需要改进的方面	改进方案
合理膳食			
适量运动			
戒烟限酒			
心理平衡			

实践运用

请把以上的改进方案交给家长检查，请他们补充完善，并督促执行。一个月后请家长填写反馈情况。

项目	需要改进的方面	改进方案	家长反馈意见
合理膳食			
适量运动			
戒烟限酒			
心理平衡			

专题小结

健康是学习和工作的保证，是人生快乐幸福的基础，是人生最大的财富。健康包括身体和心理两个方面。先天遗传会影响我们的健康，但是影响健康的主要因素是我们后天的各种生活方式，如饮食、作息、体育锻炼、不良嗜好、心态，等等。“我的健康我做主”，我们只要养成良好的生活习惯，培养乐观积极的生活态度，同时纠正不健康的生活方式，就可以拥有健康快乐的人生。

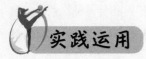

专题 2　正确做眼保健操

教学目标

分层能力目标（根据学生的实际能力水平分三个层次：Ⅰ低组；Ⅱ中组；Ⅲ高组）：

（1）掌握正确做眼保健操的方法（Ⅰ、Ⅱ、Ⅲ层次）。

（2）了解保护眼睛的知识（Ⅱ、Ⅲ层次）。

（3）锻炼手指的协调能力（Ⅱ、Ⅲ层次）。

教学准备

多媒体课件、最新版眼保健操的视频演示资料。

课前智能拓展

“舒尔特方格游戏”——注意力训练，可参考第五篇。

学习导入

近年来，青少年近视率越来越高，成为全社会普遍关注的问题。据统计，2018 年全国儿童青少年总体近视率为 53.6%。其中，6 岁儿童为 14.5%，小学生为 36.0%，初中生为 71.6%，高中生为 81.0%。

做眼保健操真的有用吗？

眼保健操通过按摩眼部周围的穴位和皮肤肌肉，以活跃经络气血，增强眼部血液循环，松弛眼内肌，改善神经营养，解除眼部眼轮匝肌、睫状肌的痉挛，消除眼睛疲劳，保护或提高视力。

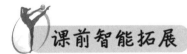

有人说眼保健操没用，做了也白做，该近视还是近视。专家则表示，做眼保健操关键要每天坚持，找准穴位，手法规范，力度到位。如果流于形式，就起不到应有的功效。

有调查发现，95.85%的小学生和90.4%的初中生找不准眼保健操的穴位，不知操作力度和手法的中小学生也都在80%～90%。

知识学堂

一、眼保健操注意事项

（1）穴位要找准。找准穴位是发挥眼保健操功效的最基本要求。

（2）注意力度、速度和幅度。手法要缓慢柔和，先轻后重，以有了酸胀感觉为合适，揉、捏、按、压的速度要均匀、有节奏。

（3）注意个人卫生。手要保持干净，指甲要剪短。

（4）宜闭眼做。闭眼做能养心养神，睁眼做容易分散注意力，降低效果。

（5）持之以恒。坚持每天上午、下午两节课后或长时间的读书、写字、看电视、玩电脑后，认真做眼保健操。

二、眼保健操有关的穴位

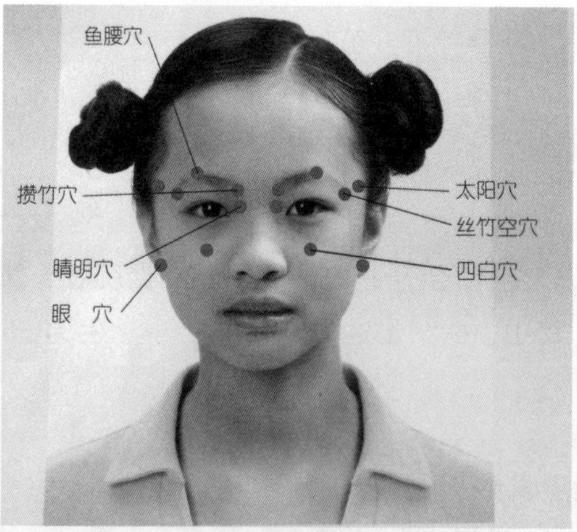

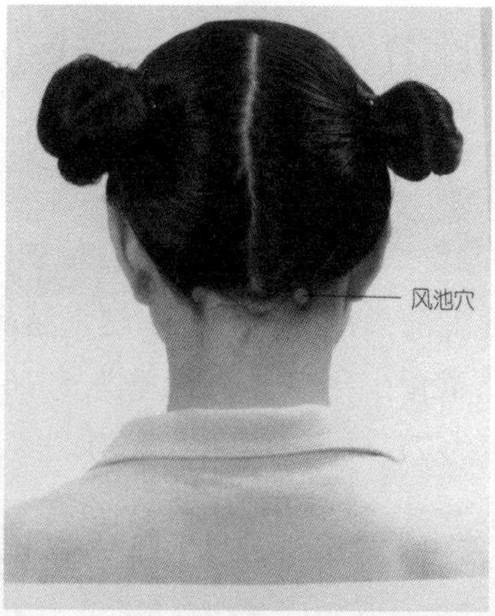

- 攒竹穴：攒竹穴在面部，眉毛内侧边缘凹陷处（当眉头陷中，眶上切迹处）即是。
- 睛明穴：目内眦角稍上方凹陷处。

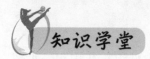

- 四白穴：目正视，瞳孔直下，当眶下孔凹陷处。
- 太阳穴：在颞部，当眉梢与目外眦之间，向后约一横指（拇指横指）凹陷处。
- 风池穴：风池穴位于项部，当枕骨之下，与风府穴相平，胸锁乳突肌与斜方肌上端之间的凹陷处。

三、眼保健操的内容

1. 第一节　按揉攒竹穴

用双手大拇指螺纹面分别按在两侧穴位上，其余手指自然放松，指尖抵在前额上。随音乐口令有节奏地按揉穴位，每拍一圈，做四个八拍。

2. 第二节　按压睛明穴

用双手食指螺纹面分别按在两侧穴位上（眼角内侧半个手指处），其余手指自然放松、握起，呈空心拳状。有节奏地上下按压穴位。每拍一次，做四个八拍。

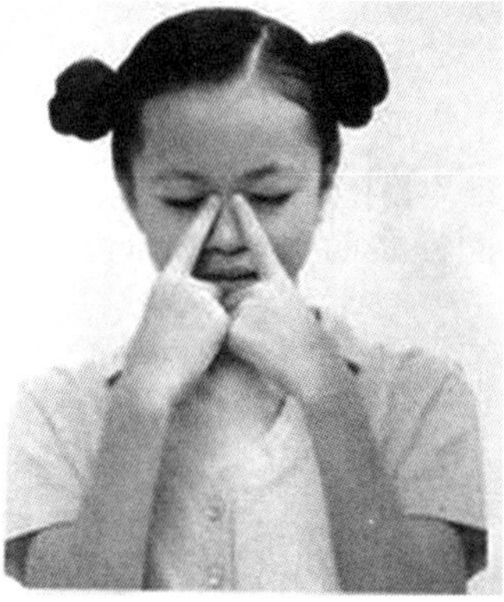

3. 第三节　按揉四白穴

先把左、右食指和中指并拢对齐，分别按压在鼻翼上缘的两侧，然后食指不动，中指和其他手指缩回呈握拳状，大拇指抵在下颌凹陷处，其余手指自然放松、握起，呈空心拳状。有节奏地按揉穴位。每拍一次，做四个八拍。

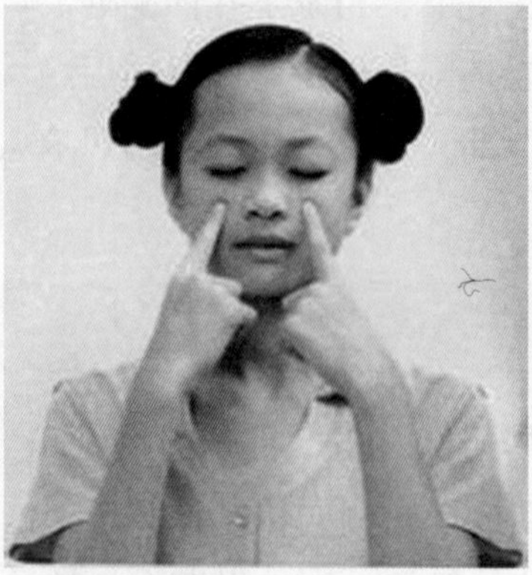

4. 第四节　按揉太阳穴刮上眼眶

用双手大拇指的螺纹面分别按在两侧太阳穴上，其余手指自然放松，弯曲。先用大拇指按揉太阳穴，然后大拇指不动，用双手食指的第二个关节内侧，稍加用力从眉头刮至眉梢。每拍一次，做四个八拍。

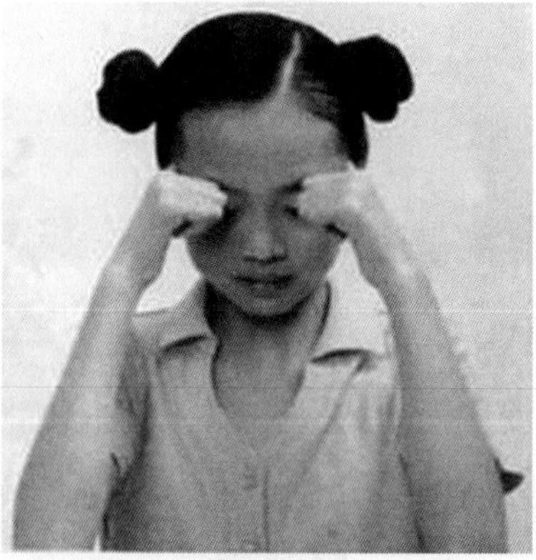

5. 第五节　按揉风池穴

用双手食指和中指的螺纹面分别按在两侧穴位上，其余三指自然放松。随音乐口令有节奏地按揉穴位，每拍一圈，做四个八拍。

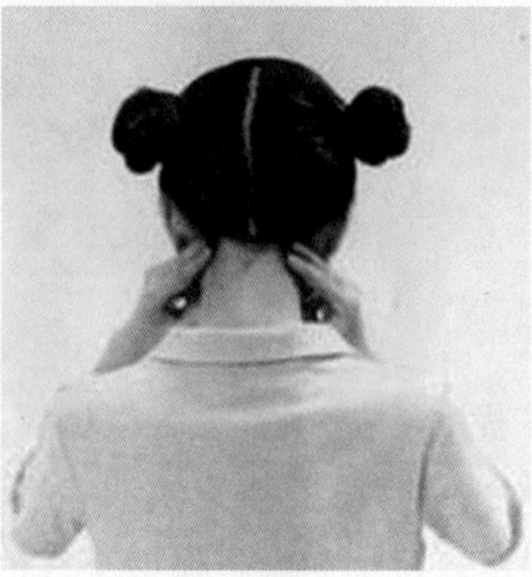

6. 第六节　揉捏耳垂脚趾抓地

用双手大拇指和食指的螺纹面捏住耳垂正中的眼穴，其余三指自然并拢弯曲。用大拇指和食指有节奏地揉捏穴位，同时用双脚全部脚趾做抓地运动。每拍一次，做四个八拍。

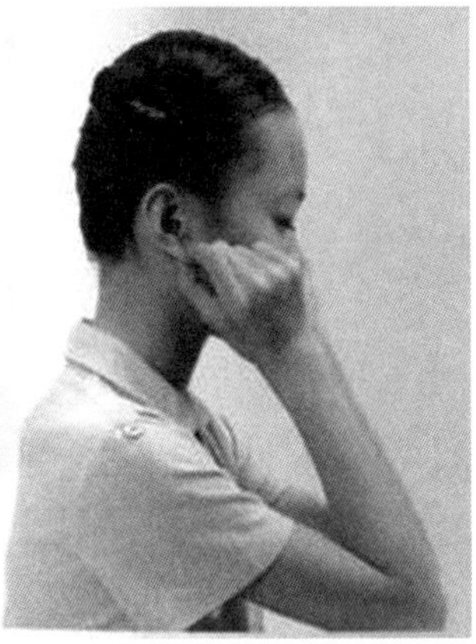

感悟体验

一、照镜子，找穴位

（1）个人练习。准备一面镜子，把镜子对准自己的面部，对照穴位图用手指找到相应的位置，反复练习几次。

（2）小组练习。两位同学组成一个小组，一位同学用手指寻找穴位，另一名同学观察指正。

二、课堂练习

先观察眼保健操的视频分解动作，然后依次练习，老师现场评价、指正。正确的打“√”，错误的打“×”。

	找准穴位	力度适中	手法正确
按揉攒竹穴			
按压睛明穴			
按揉四白穴			
按揉太阳穴刮上眼眶			

（续表）

	找准穴位	力度适中	手法正确
按揉风池穴			
揉捏耳垂脚趾抓地			

实践运用

一、坚持做眼保健操

（1）学校每天上午、下午两节课后组织学生认真做眼保健操，教师进行督促。

（2）在家长时间读书、写字、看电视、玩电脑、手机后，认真做眼保健操，由家长督促。

二、注意用眼卫生

要保护好眼睛，除了坚持做眼保健操之外，还要注意以下用眼卫生：

（1）阅读时注意眼睛与书的距离，保持在 33 厘米左右。

（2）不要躺在床上看书。

（3）不要在走路时和开动的车厢里看书。

（4）不要在强烈的阳光下看书。

（5）不要在昏暗的灯光下看书。

（6）阅读写字连续 30～60 分钟后，应休息 10 分钟或向远方眺望。

（7）不要长时间使用手机、电脑等电子产品。

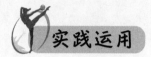

专题小结

做眼保健操是缓解眼睛疲劳、预防近视非常有效的办法。要把眼保健操的作用充分发挥出来，不仅要注意找准穴位、手法准确、力度适中，还要注意持之以恒。当然，预防近视仅仅靠眼保健操还是不够的，关键还要靠我们合理使用眼睛，尤其是不要长时间使用手机等电子产品。

专题3　正确刷牙　保护牙齿

教学目标

分层能力目标（根据学生的实际能力水平分三个层次：Ⅰ低组；Ⅱ中组；Ⅲ高组）：

（1）学会正确刷牙的方式（Ⅰ、Ⅱ、Ⅲ层次）。

（2）知道口腔保健知识（Ⅱ、Ⅲ层次）。

（3）养成耐心细致的卫生习惯（Ⅱ、Ⅲ层次）。

教学准备

学生家长拍摄学生日常刷牙过程的视频、口腔牙模、牙刷。

课前智能拓展

“找不同”——观察力训练，可参考第五篇。

学习导入

出示以下图片：

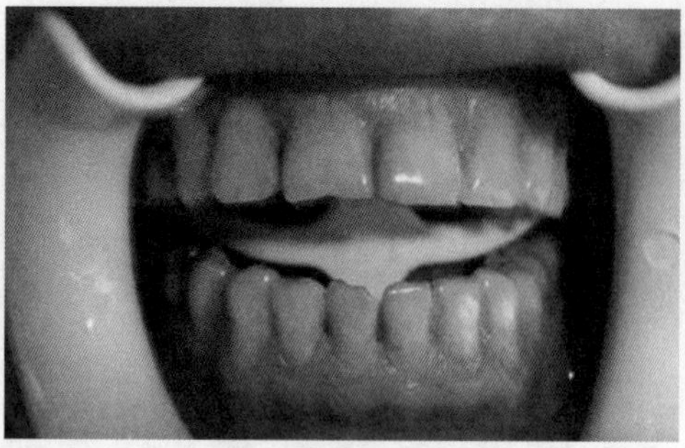

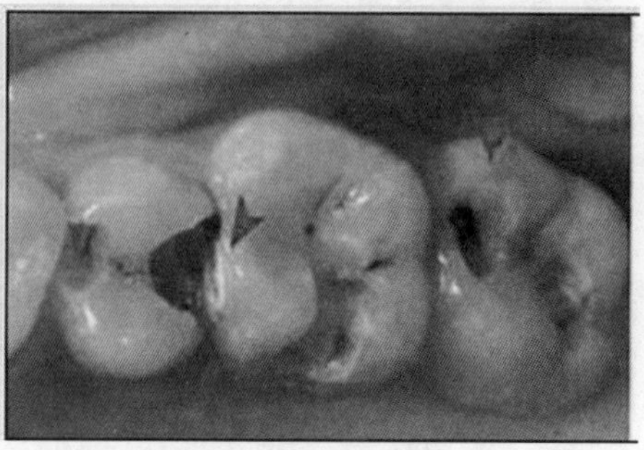

思考分享：图片上的牙齿怎么了？牙齿为什么会变成这样呢？

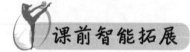

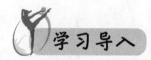

深圳市慢病防治中心统计显示，2015年，深圳市小学生乳牙患龋率达到49.5%，恒牙患龋率达到16.4%；一年级小学生乳齿龋患率最高，为61.9%。近64%的儿童没有掌握正确的刷牙方法，不能有效去除牙菌斑，53%的学生没有养成“天天刷牙，早晚刷牙”的卫生习惯，饮食中糖分过多，饮用过多碳酸类饮料后又没有及时清洁口腔，这些都是造成龋齿高发的因素。

话你知

刷牙也有比赛

2018年10月13日，“广州市第五届儿童刷牙比赛”总决赛在华南理工大学附属实验小学举行，由评审专家根据刷牙时间、顺序、力度、角度及牙菌斑染色剂检测等多个方面，对选手进行综合评分，最终评出全市“刷牙小能手”。

知识学堂

一、刷牙技巧

1. 上下刷：上排牙齿往下刷，下排牙齿往上刷

据有关调查显示，中国有80%的人喜欢横着刷牙，其实这种方法无法清除掉在牙缝里的“垃圾”，反而容易磨损牙釉质。正确的方法是“上下刷”：将牙刷的刷毛与牙齿表面成45度，斜放并轻压在牙齿和牙龈的交界处，轻轻做小圆弧状来回刷，上排的牙齿向下、下排的牙齿往上轻刷，注意轻刷牙龈。

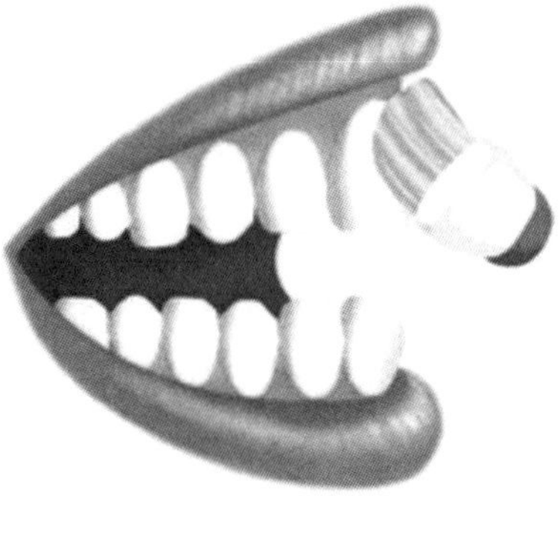

2. 按顺序刷牙，不留死角

很多人刷牙习惯频繁的变动位置，一会儿左、一会儿右，一会儿上、一会儿下，一会儿外、一会儿里，这样很容易留下死角，造成一些地方没有被刷到。正确的方法每次是按照一个固定的顺序，从头到尾挨个刷，比如可以按照以下的顺序来刷：

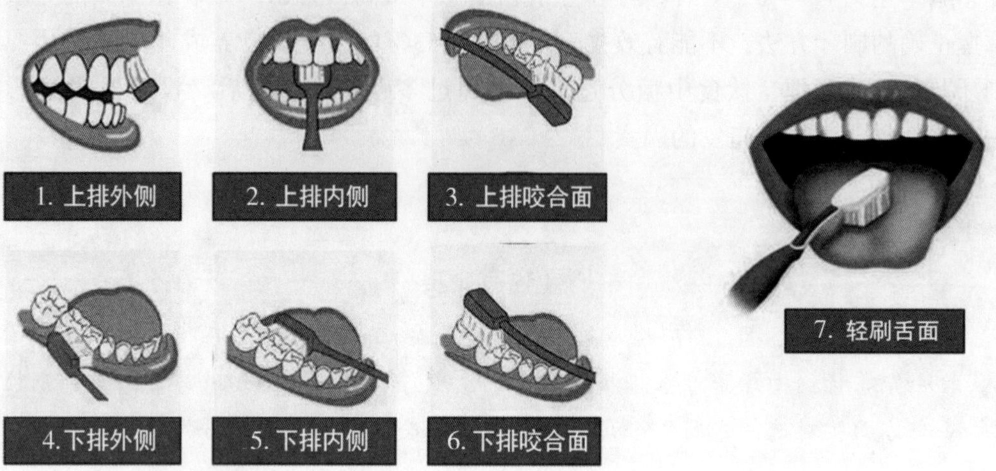

1. 上排外侧　2. 上排内侧　3. 上排咬合面　4. 下排外侧　5. 下排内侧　6. 下排咬合面　7. 轻刷舌面

3. 刷牙时间要足够

刷牙至少早晚各刷 1 次，每次不少于 3 分钟。据统计，中国人平均的刷牙时间是 59 秒，这对清理口腔是远远不够的。

二、刷牙注意事项：

（1）建议用温水刷牙，以 30～36 摄氏度为宜。

（2）刷牙力度要适中，太轻刷不干净，太重损伤牙齿和牙龈。

（3）牙刷 3 个月换 1 把。

（4）饭后如不方便刷牙要马上漱口。

（5）晚上刷牙后不要再吃东西。

感悟体验

一、观察与讨论

观察每位家长给同学拍摄的刷牙的视频，讨论一下，我们平时刷牙有哪些需要改进的地方，并填在下面的横线上。

刷牙存在的问题：

____

____

____

二、练一练

每位同学用牙模和牙刷练习刷牙的方法，其他同学观察并指出存在的问题。

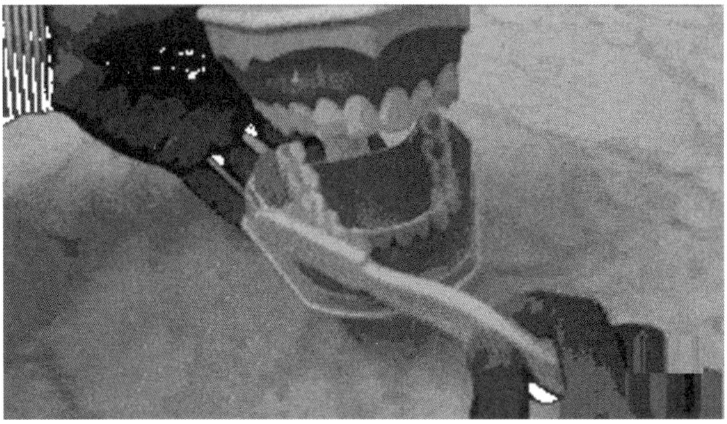

实践运用

一、考考你

从卫生和方便的角度来看，以下哪种摆放最好？

二、学以致用

每位同学回家后用所学的方法刷牙，熟练以后请家长拍摄视频。

专题小结

我们很小就学会刷牙，但是很多同学刷牙的方法并不正确，不能有效地清洁牙齿，造成牙齿发黄，甚至出现龋齿。正确刷牙要注意以下几个方面：牙刷要上下刷，不要横着刷；要按顺序刷牙，不要东刷一下西刷一下；刷牙的时间要足够，不要匆匆忙忙，草草了事。希望同学们今后严格按照正确的方法来刷牙。

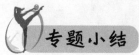

专题4　受伤及创可贴的使用

教学目标

分层能力目标（根据学生的实际能力水平分三个层次：Ⅰ低组；Ⅱ中组；Ⅲ高组）：

（1）了解身体受伤情况，懂得受伤后及时求助（Ⅰ、Ⅱ、Ⅲ层次）。

（2）初步懂得根据皮外损伤程度，采取适宜的应对方式（Ⅱ、Ⅲ层次）。

（3）对轻微伤口能够正确使用创可贴处理（Ⅱ、Ⅲ层次）。

教学准备

消毒药水、棉签、创可贴若干片。

课前智能拓展

“火眼金睛”——观察力训练，可参考第五篇。

学习导入

看一看，说一说：出示一些在活动时受伤的图片（割伤、擦伤、摔伤、扭伤等），看看图中的人物在做什么事情，发生了什么事。

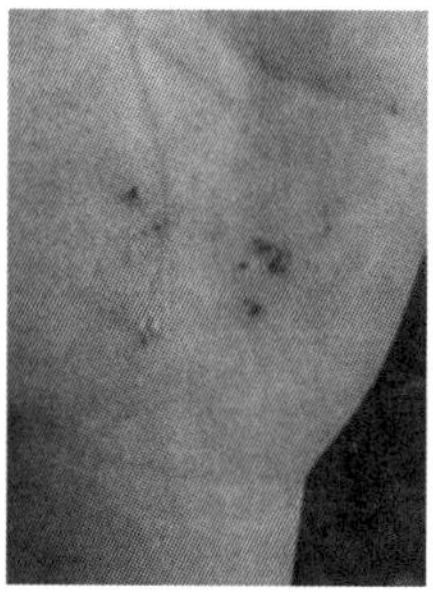

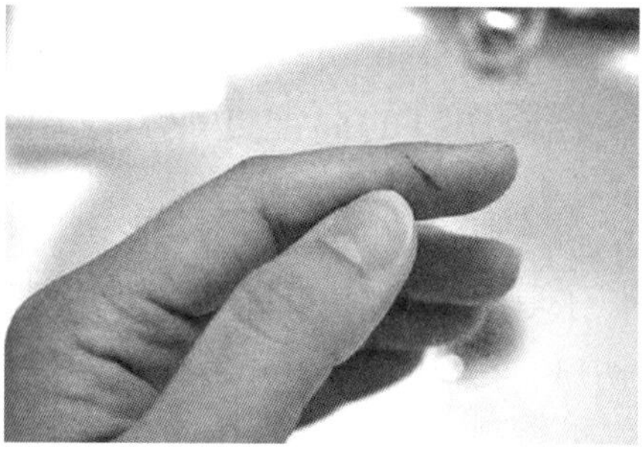

生活中，当我们运动、爬山、骑车，或是使用工具做事情，如切食物、剪纸片时，可能会不小心摔跤，或被工具弄伤身体的某些部位。面对这些情况，我们要懂得求助，尽快把受伤的情况告知父母或老师，他们可以协助我们及时处理应对。如果伤势严重，还要及时去医院就医或打120求救。

下面，我们主要针对摔伤、擦伤、割伤等这些皮外伤，学习一下如何应对处理。

知识学堂

皮外受伤的应对处理

当我们因为运动、摔倒、碰撞、剪切等导致身体外部受伤时，应立即停止正在从事的活动，尽量保持冷静，及时向身边的家人或成人求助。

1. 判断伤口的严重程度

受伤时，首先要观察伤口的情况，可以从伤口的面积大小、伤口深浅、出血多少、疼痛程度等，初步判断伤口的严重程度，能够清楚把受伤情况告知他人。

2. 伤口大，疼痛严重，出血多或不止，应立即就医处理

伤口面积大、伤口深、出血多而不止、受伤部位红肿、感觉疼痛严重、身体部位动弹不了，或是发现导致受伤的器具生锈、伤口感染细菌等，说明伤势比较严重，应该马上设法告知监护人，立即去医院就医处理。

3. 轻微皮肤破损的小伤口可以先进行简便处理

一般情况下，只有当受的伤是皮肤破损的微小伤口，出血微量，伤口没有红肿、泥沙附着、生锈物等时，才可以就附近、就方便，先做简便处理。如后期伤口出现不适，依然要找专业医生就诊。

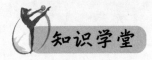

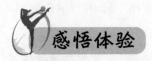

感悟体验

轻微伤口的简便处理方法

对于比较轻微的皮肤破损小伤口，如手指被划破皮、膝盖微小擦伤等，我们通常可以采取简便处理。具体方法如下：先用医用消毒水消毒伤口；再用创可贴或纱布包扎伤口、止血。

家庭消毒伤口一般用棉签和红药水（如下图所示），包扎伤口用的创可贴（如下图所示)、医用纱布、胶布等在社区的药店通常可以买到，一般家庭里也会备有。

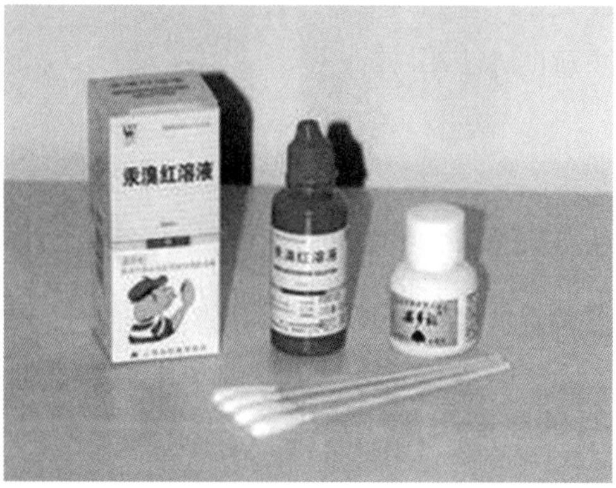

消毒伤口的红药水、棉签

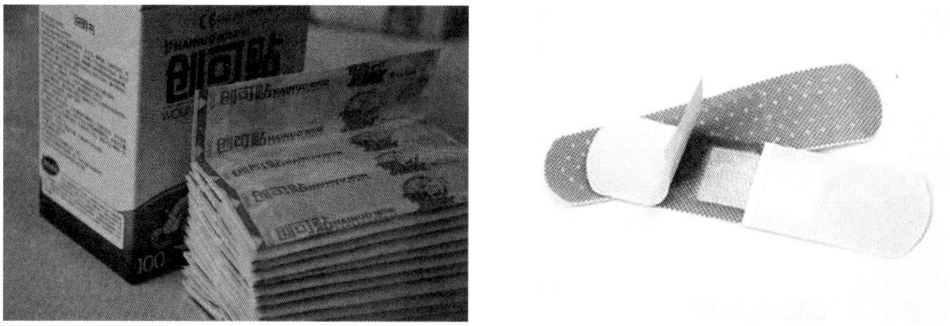

创可贴

实践运用

正确使用创可贴

1. 教师示范：正确使用创可贴贴伤口

先从边缘撕开创可贴的外部包装袋，取出创可贴；再小心撕掉覆盖面上的两片纸片，把中间浸过药物的纱条对着伤口贴上；将两边的胶布粘紧伤口旁边的部位固定住。

2. 学生练习：正确使用创可贴

学生每人派发一片创可贴，教师用红色圆珠笔在学生的手或脚上分别划一个小记号（每人位置可略有不同），代表伤口，请学生给自己的“伤口”贴上创可贴。教师巡查，发现使用不当的，及时指导协助。

3. 使用创可贴的注意事项

(1) 创可贴只适用于小的且出血少的创伤口。

（2）使用前要先给伤口消毒。

（3）使用时间不宜过长，一般不超过 1 天。

（4）使用创可贴要注意防水，保持干燥。

专题小结

本专题学习了“受伤及创可贴的使用”，希望同学们懂得：当身体受伤时，一定要及时求助。如果伤势严重，应立即就医。对于轻微的小伤口，自己能够正确使用创可贴，先做简便处理。

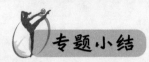

专题5　发烧及应对

教学目标

分层能力目标（根据学生的实际能力水平分三个层次：Ⅰ低组；Ⅱ中组；Ⅲ高组）：

（1）了解发烧的体温表现，能够根据体温判断发烧程度（Ⅰ、Ⅱ、Ⅲ层次）。

（2）初步懂得如何使用温度计量测体温（Ⅱ、Ⅲ层次）。

（3）初步掌握发烧的一些基本应对措施（Ⅱ、Ⅲ层次）。

教学准备

电子体温计1个，水银体温计若干个。

课前智能拓展

“目光追视练习”——注意力训练，可参考第五篇。

学习导入

情景案例

清晨起来，小宇觉得不舒服，喉咙很疼，妈妈用手摸摸小宇的额头，感觉很烫。显然，小宇发烧了。妈妈带他去医院看病，挂了急诊科的号。护士先给小宇量体温，发现为38.8摄氏度。医生检查发现小宇的扁桃体已经发炎，属于病毒性感冒。他询问了一些情况后，给小宇开了一些药，并吩咐小宇回去要按时吃药，多喝水，如果两天后还没退烤，应回来复诊。

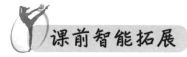

◆思考回答：

（1）小宇为什么要去医院？你有过类似的情况吗？

（2）你知道小宇的体温属于哪种程度的发烧吗？

今天，我们来学习有关发烧及如何应对的一些基本知识和技能。

知识学堂

发烧与体温

发烧，也称发热，主要是指由于感染或其他疾病等，人体体温超过正常范围的情形。发热是临床上最常见的症状，可见于多种疾病。但体温升高不一定都是疾病引起的，某些情况也可能导致生理性体温升高，如剧烈运动、进入高温环境或热水浴等均可使体温较平时略高。这些情况可通过自身调节恢复正常体温，不必担忧。

那么，体温达到多少度才算发烧呢？一般，以人体腋下体温为例，具体如下：

（1）正常体温：36～37 摄氏度。

（2）低热温度：37.3～38 摄氏度。

（3）中度发热：38～39 摄氏度。

（3）高热温度：39 摄氏度以上。

因此，案例中小宇的体温属于中度发热。

体验活动

谁发烧了？

下面是亮亮、阿芳和刘阳的体温数据（单位：摄氏度），请判断一下谁发烧了。

亮亮：

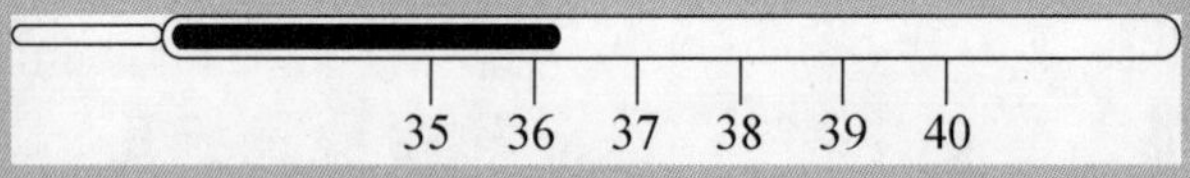

阿芳：

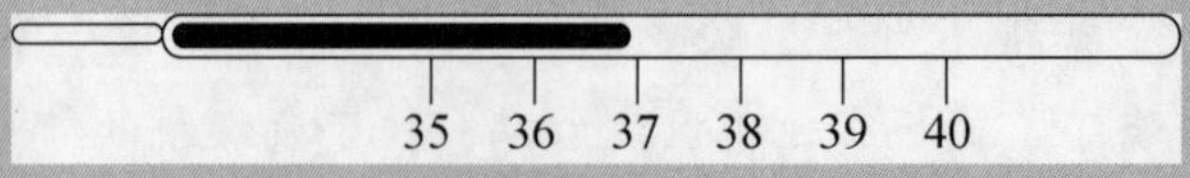

刘阳：

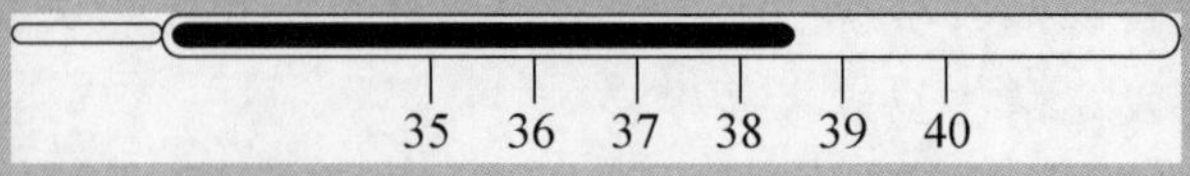

发烧的人：________________

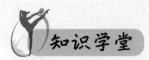

感悟体验

用体温计测量体温

要想知道自己的体温是否达到发烧程度，一般需要借助体温计测量体温，才能得到比较准确的数据。通常，家里或医院里常用的体温计有电子体温计和水银体温计。

1. 电子体温计

电子体温计效率高、安全性强，一般适合婴幼儿使用，有接触式（如左下图所示）和非接触式（如右下图所示）两种。非接触式测温仪由于成本较高，一般由专业医务人员携带使用。我们日常使用较多的是接触式的电子体温计，使用方法如下：按下显示屏旁边的“ON/OFF”按钮，听到“哔”的声音；先用医用酒精对感温头消毒，然后把感温头放置到口腔、腋窝等位置；约 1 分钟，显示屏的“℃”符号便停止闪烁，听到“哔-哔-哔”声响，表示测温完成；取出体温计后读数。如果体温的测量值超过 37.8 摄氏度，将发出发烧提示声“哔哔哔-哔哔哔”，约 10 秒。

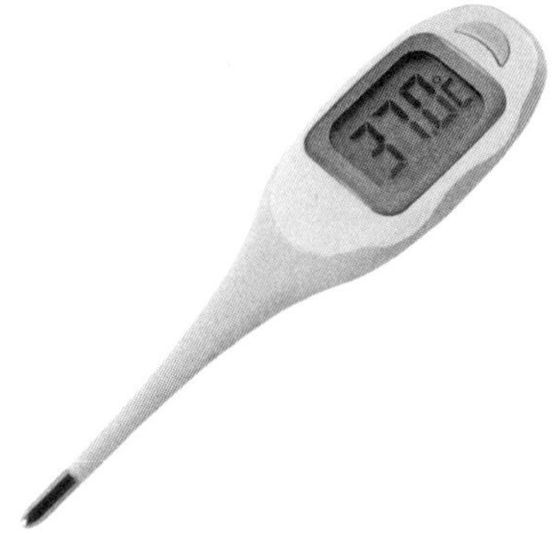

接触式电子体温计

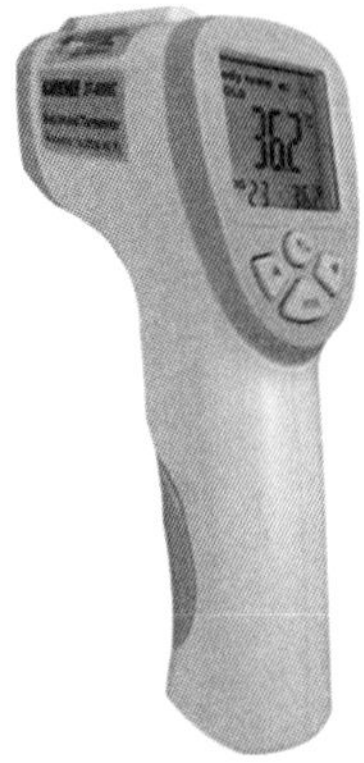

非接触式红外线测温仪

2. 水银体温计

水银体温计（如下图所示）体积小、携带方便、测量准确，医院里的医护人员给发烧患者测体温大多使用水银体温计。它通常是由玻璃制作的，使用时一定要小心，避免打破体温计。如果水银体温计破裂，不要用手接触流出来的水银和玻璃碎，要请成人或医务人员处理。

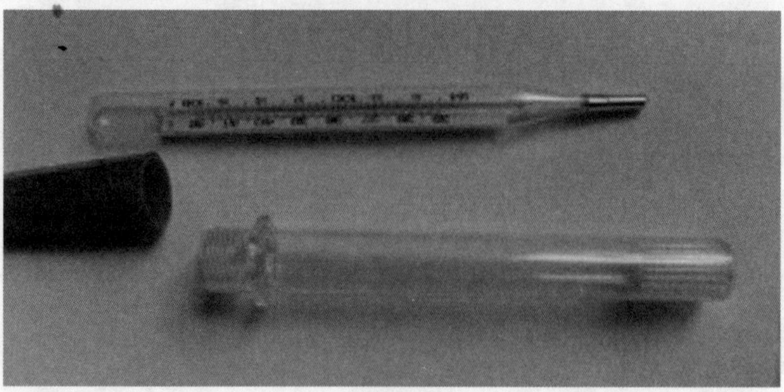

水银体温计

水银体温计使用前要先甩一甩，使红色水银柱回到液泡里（35 摄氏度以下）。测量时一般将水银液泡的一端放在腋下并夹紧，10～15 分钟后取出，看上面水银柱升到哪个数值，该数值就代表自己的体温。

体验活动

用体温计给自己测体温

老师先做一次示范，学生学习模仿，用体温计给自己测一侧体温，并报告测出来的体温数据。

实践运用

发烧的基本应对措施

发烧是每个人生活中都有可能会出现的一种身体状况，掌握发烧的一些基本的应对措施，可以提高我们的身体保健意识，有助于身体更快康复，避免病情的延误治疗。

下面为大家提供一些发烧时的基本应对措施，同学们可以参考：

（1）感觉发烧时可以通过测量体温来判断发烧的程度。

（2）一般体温超过 39 摄氏度，或持续发烧超过 4 小时，要及时到医院就诊。

（3）一般在医院里挂内科或急诊科的号，有的医院也有专门的发烧门诊。

（4）遇无法及时就医，可先采取物理降温方法，如用冰袋敷额头等。

（5）退烧用药要遵循医生嘱咐，不要自己随便用药。

（6）多喝水对缓解发烧有一定好处。

专题小结

这个专题学习了有关发烧及应对的一些基本知识和技能，知道体温达到多少度是发烧，懂得如何使用体温计测量体温。如果以后在日常生活中碰到发烧的情况，希望今天的学习对你们有所帮助，同学们能够学以致用。

专题6　腹泻及预防

教学目标

分层能力目标（根据学生的实际能力水平分三个层次：Ⅰ低组；Ⅱ中组；Ⅲ高组）：

（1）了解腹泻及其产生的基本原因（Ⅰ、Ⅱ、Ⅲ层次）。

（2）初步懂得腹泻的应对措施（Ⅱ、Ⅲ层次）。

（3）初步掌握预防腹泻的注意事项（Ⅱ、Ⅲ层次）。

教学准备

整肠丸、行军散、双飞人药水等家居常备的治疗腹泻的药（药盒、药瓶）。

课前智能拓展

“看图说话”——表达与理解能力训练，可参考第五篇。

学习导入

看一看，说一说：出示一组图片（如发霉食物、吃饭、肚子疼、上厕所等）。请大家仔细看看这几幅图，想想图中的人物发生了什么事，并编成一个故事讲出来。

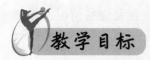

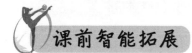

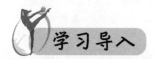

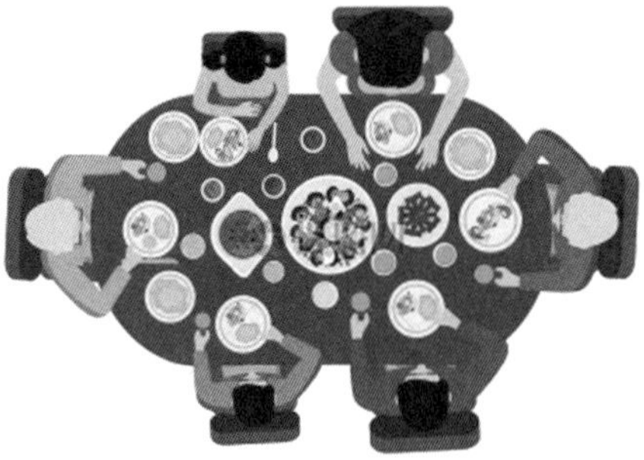

图中的人物可能吃了发霉或变质的食物，导致出现腹泻的现象。

腹泻是许多人在生活中会碰到的一种状况，腹泻不仅影响我们的肠胃功能，还对工作、学习造成诸多不便，该如何预防腹泻呢？今天，我们一起来学习“腹泻及预防”的专题。

知识学堂

腹泻及其主要原因

1. 了解腹泻

腹泻，俗称拉肚子，是指排便次数明显超过平日习惯的频率，粪质稀薄，水分增加，或含未消化食物、黏液等。

腹泻是一种常见症状，常伴有肚子疼、排便急迫感、肛门不适、失禁等症状。

腹泻分为急性腹泻和慢性腹泻两类。

急性腹泻发病急骤，每天排便次数可达到10次以上，粪便量多而稀薄，急性腹泻如果及时治疗，休养几天就可以痊愈。如果急性腹泻没有得到及时有效的治疗，长期不能痊愈，会导致慢性腹泻的发生。另外，慢性腹泻也可能是其他疾病的一个症状。

2. 什么情况下会出现拉肚子

日常生活中，通常在以下情况中比较容易出现腹泻现象，需要引起注意：

（1）吃不干净或变质的食物（细菌感染、食物中毒）。

（2）肚子受风着凉。

（3）旅游过程中水土不服。

（4）饮食不规律，如喝过多冷饮，进食过量或吃辛辣食物。

（5）消化不良。

当然，还有一些腹泻情况可能是由于疾病或其他因素导致的。尤其是慢性腹泻，原因可能比较复杂，往往需要专业医生的诊治。

感悟体验

一、腹泻的应对措施

腹泻是大多数人在生活中会碰到的状况。面对这种情况，我们可以采取下面一些应急措施，帮助减缓腹泻。如果服用家居常备的肠胃便药后，还不能缓解腹泻，应尽快到医院就诊。

（1）感觉肚子不舒服，要尽快去厕所排便，尽量避免失禁。

（2）腹泻期间要暂停吃东西，不要大量喝水。

（3）失水（排便）过多可以适当喝点淡盐水。

（4）可以先服用整肠丸、双飞人药水等家庭便药止泻。

（5）出现长时间腹泻不止、呕吐等严重情况，要及时到医院就诊。

二、几种缓解腹泻的家庭便药

许多家庭里都备有一些缓解腹泻的便药，如整肠丸、行军散、双飞人药水（如下图所示）。对于一般的腹泻，这些药的缓解效果还是很不错的。

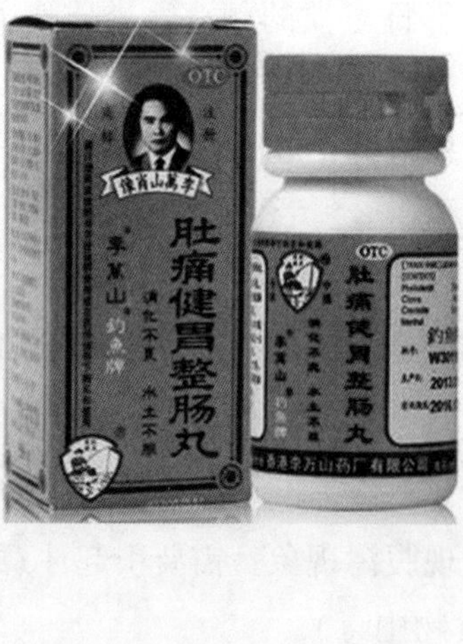

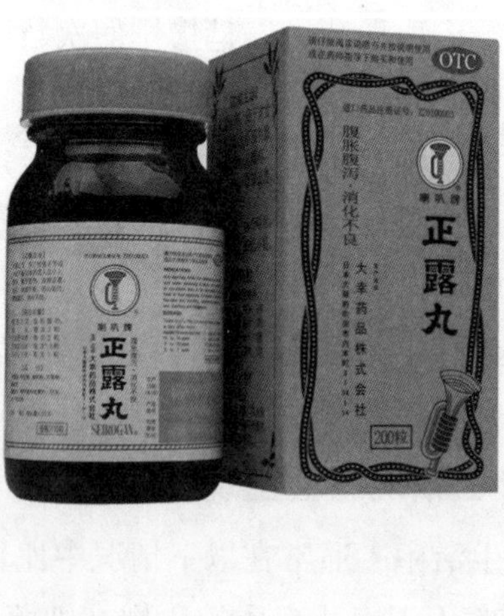

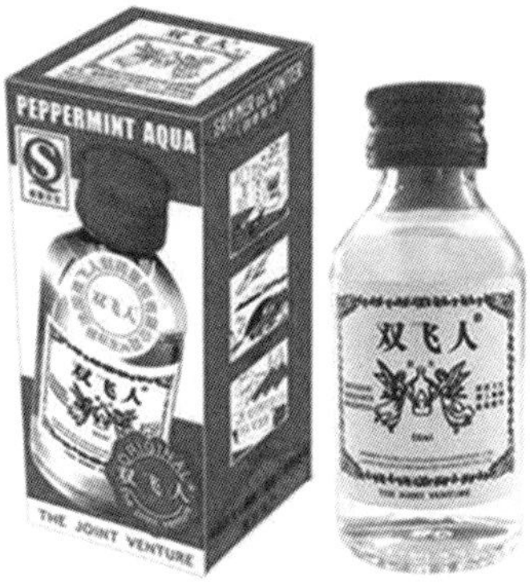

实践运用

如何预防腹泻

腹泻是一种常见的疾病，夏季是其发病的高峰期，严重的腹泻往往会影响我们日常的生活和学习。为了更好预防腹泻，在日常起居饮食中，我们需要注意以下六个方面：

（1）不吃不干净、变质和过期食物。

（2）尽量不吃外面流动摊位买的食品。

（3）蔬菜水果要清洗干净再吃。

（4）进食规律，不贪吃冷饮、辛辣，不饮食过量。

（5）饭前便后要洗手。

（6）天冷注意加衣，防止着凉。

专题小结

请同学们记住本专题介绍的几种缓解腹泻的家庭便药名称，以后如果碰到腹泻的情况，可以运用今天所学的知识进行应对。要预防腹泻，平时还是多注意饮食卫生。

家庭作业

请查看自己家里是否有书上介绍的缓解腹泻的家庭便药，下节课汇报。

专题7　中暑及预防

教学目标

分层能力目标（根据学生的实际能力水平分三个层次：Ⅰ低组；Ⅱ中组；Ⅲ高组）：

（1）了解中暑是怎么发生，有哪些症状（Ⅰ、Ⅱ、Ⅲ层次）。

（2）初步懂得中暑的基本应对方法（Ⅱ、Ⅲ层次）。

（3）初步掌握预防中暑的注意事项（Ⅱ、Ⅲ层次）。

教学准备

风油精、藿香正气口服液、十滴水、仁丹等中暑家居药品（药盒、药瓶）

课前智能拓展

“你说我猜”——表达与理解能力训练，可参考第五篇。

学习导入

出示“中暑”一词，让同学表演和猜词。

提问：听过“中暑”这个词吗？你看过人中暑吗？中暑是什么意思？请说一说你的理解。

今天，我们来学习“中暑及预防”的专题。

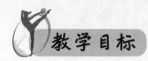

知识学堂

一、中暑是怎样发生的

中暑是在高温和高湿环境中易发的一种急性疾病。在高温环境下，人体的体温调节功能出现障碍，产热大于散热，体内热量蓄积过多，引起循环系统和中枢神经系统功能紊乱，由此产生一系列中暑症状。此外，睡眠不足、过度疲劳、精神紧张等，都是中暑常见的诱因。

归纳起来，个体发生中暑主要有以下原因：

（1）在高温、高湿的环境下工作、活动，产热增加。

（2）机体的散热减少，如通风不良、汗腺功能障碍等

（3）个体的热适应能力下降，如体质弱、过度疲劳、患有心脑血管疾病的人容易发生中暑。

可见，在炎热的夏天，如果长时间在烈日下活动、暴晒，就容易发生中暑现象。

二、中暑的症状表现

中暑可分为先兆中暑、轻症中暑和重症中暑。主要的症状表现为：头晕、胸闷、多汗、口渴、恶心、呕吐、皮肤灼热、面色潮红、体温升高、晕倒、肌肉痉挛等。

拓展知识

轻症中暑和重症中暑

轻症的中暑主要表现为头晕、胸闷、心悸、面色潮红、皮肤灼热、体温升高等。一旦发展为重症的中暑，就会表现为大量的出汗、血压下降、晕厥、肌肉痉挛，甚至会出现意识不清、嗜睡、昏迷等。

感悟体验

一、中暑的应对措施

发生中暑的症状，大家先不要慌乱，可以采取以下应对措施：

（1）先转移到阴凉处，将衣服解开，增加散热。

（2）多喝有盐分的清凉饮料，如盐水、荷叶水、绿豆汤等。

（3）可在额头、人中、颞部涂抹清凉油、风油精。

（4）服用藿香正气水、仁丹、十滴水等中药解暑。

（5）如体温升高，可用凉湿毛巾或冰袋冷敷头部、腋下及大腿根部。

（6）对虚脱昏迷的重症中暑者要及时送医院救治。

二、缓解中暑的常用药品

下图显示几种在炎热夏季有助于缓解中暑的常用药品，在需要的时候，我们可以先按说明使用。

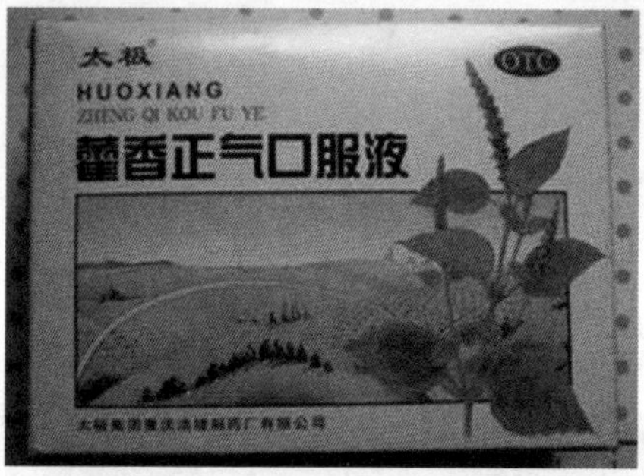

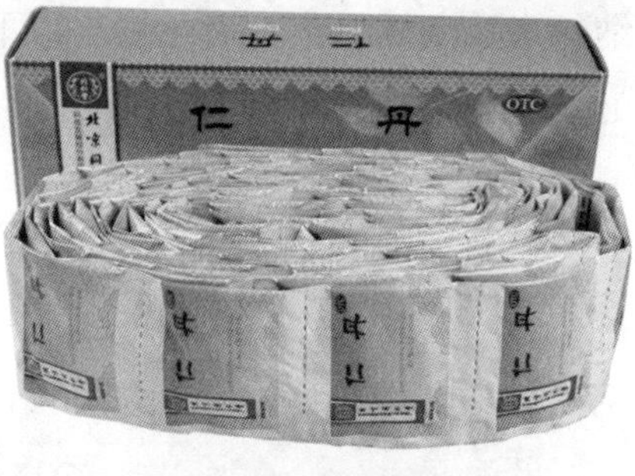

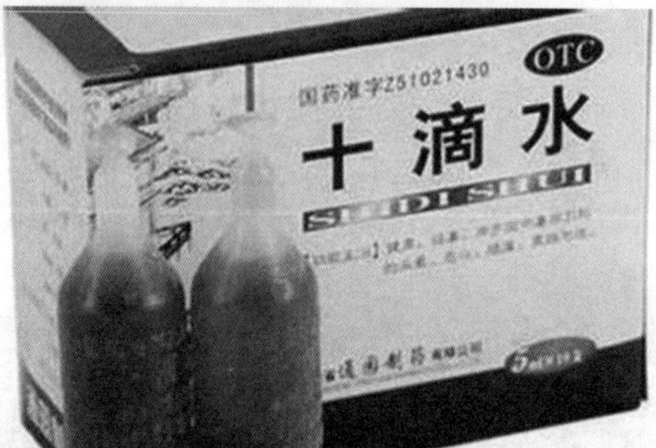

实践运用

如何预防中暑

中暑是盛夏季节容易发生的疾病。在炎热的夏季，我们要注意做好以下措施，预防中暑：

（1）避免长时间在烈日下或温度较高的环境中活动、滞留。

（2）出行时记得带伞、遮阳帽、风油精等。

（3）多喝水，多吃水果蔬菜，适当补充盐分。

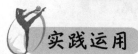

（4）室内保持通风，长时间在空调环境工作要适当进行室外耐热锻炼。

（5）保证充足睡眠。

（6）家里常备防暑降温药。

专题小结

炎热夏季，除非必要，应尽量减少在每天高温时段外出活动。外出时，要注意做好防暑降温措施，预防中暑，这是我们在高温时节要谨记的保健意识。

专题8　合理用药

教学目标

分层能力目标（根据学生的实际能力水平分三个层次：Ⅰ低组；Ⅱ中组；Ⅲ高组）：

（1）认识合理用药的重要性（Ⅰ、Ⅱ、Ⅲ层次）。

（2）了解合理用药的具体要求（Ⅰ、Ⅱ、Ⅲ层次）。

（3）初步学会阅读药品说明书（Ⅱ、Ⅲ层次）。

教学准备

请家长协助学生搜集家里的一些空药盒，选择1～3个外形完好，且有完整说明书的药盒，拿回学校备用。

课前智能拓展

“火眼金睛”——观察力训练，可参考第五篇。

学习导入

新华网消息，国家食药监总局的一项统计数据显示，我国每年大约有250万人因错误用药而健康受损，导致死亡的有20万，是全国交通事故死亡人数的2倍！正是因为很多人生病后不愿去医院，凭自己的经验随意买药、吃药，才造成了如此严重的后果。普及用药安全知识任重而道远！

在所有错误服药的案例中，最常见的用药错误是与其他非处方药一起服用，以及没有按照医嘱规定的时间服用。老年人和儿童是错误服药的高风险人群，尤其值得关注。

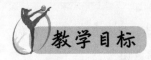

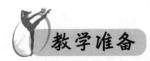

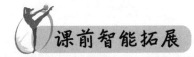

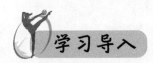

问题讨论：怎样能避免错误服药？

知识学堂

一、了解说明书

一个完整的药品说明书主要包含以下内容：名称、主要成分、适应症、作用与用途（功能与主治）、禁忌、良反应（副作用）、注意事项、用法和用量、制剂与规格、药物相互作用、生产日期和有效期、贮藏，等等。

在使用药品前，要仔细阅读说明书上的各项说明，尤其是要重点关注以下几个方面：适应症，生产日期和有效期，禁忌，用法和用量，不良反应（副作用），注意事项，贮藏。

二、用药常见问题

（1）可以用矿泉水、茶水、牛奶、果汁送药吗？

口服用药应该用温白开水送药。矿泉水、茶水、牛奶、果汁的某些成分可能会与药物发生相互作用，影响药物的治疗效果，因此，不提倡用矿泉水、茶水、牛奶、果汁等送药。

（2）为了使感冒快点好，可以加大剂量或几种感冒药一起用吗？

不可以随意加大剂量，一定要按医嘱或者说明书所规定的量来服用。另外，不同的感冒药可能含有一些相同的成分，多种感冒药同时服用，会导致这种成分的过量使用，容易导致严重的不良反应，甚至会有生命危险。

（3）服用感冒药一段时间后没效果，应该怎么办？这段时间是多久？

服用感冒药一般不能超过3天（具体看说明书）。如果没有效果，应停止服药并就医。

（4）服药后出现不良反应怎么办？

不良反应是服药后的常见现象，如果不良反应较轻，可以继续服药；如果不良反应严重，应该立即停止用药，多饮水，并去医院就诊。

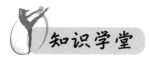

补充资料

合理用药十大核心内容

1. 优先使用基本药物。

2. 遵循能不用就不用，能少用就不多用，能口服就不肌注，能肌注就不输液的原则。

3. 买药要到合法医疗机构和药店，注意区分处方药和非处方药，处方药必须凭执业医师处方购买。

4. 阅读药品说明书，特别要注意药物的禁忌、慎用、注意事项、不良反应和药物间的相互作用等事项。

5. 处方药要严格遵医嘱，切勿擅自使用。特别是抗菌药物和激素类药物，不能自行调整用量或停用。

6. 任何药物都有不良反应，非处方药长期、大量使用也会导致不良后果。

7. 孕期及哺乳期妇女用药要注意禁忌；儿童、老人和有肝脏、肾脏等方面疾病的患者，用药应谨慎，用药后要注意观察；从事驾驶、高空作业等特殊职业者要注意药物对工作的影响。

8. 药品存放要科学、妥善；谨防儿童及精神异常者误服、误用。

9. 接种疫苗是预防一些传染病最有效、最经济的措施，国家免费提供一类疫苗。

10. 保健食品不能替代药品。

实践运用

一、阅读下面的药品说明，回答以下问题

（1）这个药什么名称？
（2）这个药治什么病（有什么作用）？
（3）这个药现在还有效吗？
（4）这个药怎么用？
（5）这个药有什么不良反应（副作用）？
（6）这个药在哪些情况下要小心（禁止）使用？
（7）这个药要注意什么？
（8）这个药与哪些药不能同时使用？

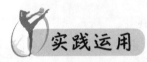

(9) 这个药怎么保存?

【药品名称】
通用名称:复方氨酚烷胺胶囊
商品名称:复方氨酚烷胺胶囊(快克)
拼音全码:FuFangAnFenWanAnJiaoNang(KuaiKe)
【主要成份】本品为复方制剂。每粒含对乙酰氨基酚 250 mg,盐酸金刚烷胺 100 mg、马来酸氯苯那敏 2 mg、人工牛黄 10 mg、咖啡因 15 mg。辅料为糊精。
【性状】本品为胶囊剂,内容物为淡黄色的小丸。
【适应症/功能主治】适用于缓解普通感冒及流行性感冒引起的发热、头痛、四肢酸痛、打喷嚏。流鼻涕、鼻塞、咽痛等症状,也可用于流行性感冒的预防和治疗。
【规格型号】10s
【用法用量】口服。成人一次 1 粒,一日 2 次。
【不良反应】有时有轻度头晕、乏力、恶心、上腹不适、口干、食欲缺乏和皮疹等,可自行恢复。
【禁忌】严重肝肾功能不全者禁用。
【注意事项】1. 用药 3 ~7 天,症状未缓解,请咨询医师或药师;2. 服用本品期间不得饮酒或含有酒精的饮料;3. 不能同时服用与本品成份相似的其他抗感冒药;4. 前列腺肥大、青光眼等患者以及老年人应在医师指导下使用;5. 肝功能不全、肾功能不全、脑血管病史、精神病史或癫痫病史患者慎用;6. 孕妇及哺乳期妇女慎用;7. 服药期间不得驾驶机、车,船从事高空作业、机械作业及操作精密仪器;8. 如服用过量或出现严重不良反应,应立即就医;9. 对本品过敏者禁用,过敏体质者慎用;10. 本品性状发生改变时禁止使用;11. 请将本品放在儿童不能接触的地方;12. 如正在使用其他药品,使用本品前请咨询医师或药师。
【儿童用药】尚不明确。
【老年患者用药】尚不明确。
【孕妇及哺乳期妇女用药】尚不明确。
【药物相互作用】1. 与其他解热镇痛药同用,可增加肾毒性的危险;2. 本品不宜与氯霉素、巴比妥类(如苯巴比妥)等并用;3. 如与其他药物同时使用可能会发生药物相互作用,详情请咨询医师或药师。
【药物过量】尚不明确。

【药理毒理】对乙酰氨基酚能抑制前列腺素合成，有解热镇痛的作用；金刚烷胺可抗“亚甲型”流感病毒，可抑制病毒繁殖；咖啡因是中枢兴奋药，能增强对乙酰氨基酚的解热镇痛效果，并能减轻其他药物所致的嗜睡、头晕等中枢抑制作用；马来酸氯苯那敏为抗过敏药，能减轻流涕、鼻塞、打喷嚏等症状；人工牛黄具解热、镇惊作用。上述诸药配伍制成复方，可增强解热、镇痛效果，解除或改善感冒所致之各种症状。

【药代动力学】尚不明确。

【贮藏】密封，置阴凉（不超过 20 ℃）干燥处。

【包装】铝塑泡罩包装，每板 10 粒，每盒 1 板。

【有效期】36 月。

【执行标准】部颁标准二部第五册。

【批准文号】国药准字 H46020636。

二、阅读说明书，判断对错

于龍® YULONG 玉杞胶囊说明书

【原　　料】：葛根、山药、莲子心、鸡内金、枸杞子等。

【性　　状】：本品为胶囊剂、内容物为红黄色。

【保健作用】：降糖消渴、降脂、改善Ⅱ型糖尿病症状、提高机体免疫力

【适用人群】：因糖尿病引起的血糖、尿糖升高的人群适用。

【不适用人群】：孕妇不宜。

【用法用量】：每日两次，每次3-6粒，饭后服用。

【备案文号】：豫卫食字（2006）第0116号

【卫生许可证】：2006-0768

【规　　格】：0.4g

【执行标准】：Q/PXSZ002-2006

【包　　装】：60粒×6瓶／盒

【保 质 期】　24个月

【生产日期】　见瓶体

生产日期：2017　08　08
有效期至：2019　08　07

（1）这个药每天吃 2 次。 （ ）

（2）这个药饭前服用。 （ ）

（3）这个药每次可以吃 5 粒 （ ）

（4）这个药的保质期是 24 个月 （ ）

（5）这个药现在还没有过保质期。 （ ）

（6）这个药的原料包含“枸杞子”。 （ ）

（7）这个药有降糖消渴、降脂的作用。 （ ）

（8）这个药能改善Ⅲ型糖尿病症状。 （ ）

（9）这个药适用于因糖尿病引起的血糖、尿糖升高的人群。 （ ）

（10）孕妇可以用这个药。 （ ）

专题小结

合理用药要注意两点，一是严格遵照医生的嘱咐用药，二是严格按照说明的要求用药。不能自作主张，随意的加大剂量，或者几种药同时一起使用。阅读说明要重点注意以下项目：适应症、生产日期和有效期、禁忌、用法和用量、不良反应（副作用）、注意事项、贮藏。服药一段时间后没有效果要及时就医。服药后如果产生了比较严重的副作用，要立即停止用药并就医。

专题9　学会就医看病

教学目标

分层能力目标（根据学生的实际能力水平分三个层次：Ⅰ低组；Ⅱ中组；Ⅲ高组）：

（1）知道就医前需要准备的材料（Ⅰ、Ⅱ、Ⅲ层次）。

（2）熟悉就医的基本流程（Ⅰ、Ⅱ、Ⅲ层次）。

（3）树立遵从医嘱服药的意识（Ⅱ、Ⅲ层次）。

教学准备

请家长协助学生准备好病历本、医保卡等就医材料，带回学校。

课前智能拓展

“类比归纳”——思维能力训练，可参考第五篇。

学习导入

情景案例

暑假的一天，小明一个人在家看电视，突然，他觉得肚子隐隐作疼。小明马上喝了点温开水，但是疼痛不仅没有缓解，反而越来越剧烈。小明想去看医生，马上打电话给爸爸。但是爸爸工作特别忙，没时间回来陪自己去看病，不巧的是妈妈也出差了。一想到看病，小明就觉得好麻烦，不仅要准备一大堆材料，到了医院还要跑来跑去，办一大堆手续。以前都是父母带自己去医院看病，现在该怎么办啊？小明犯愁了。

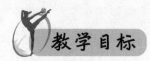

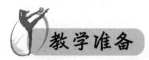

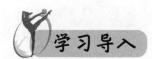

讨论：同学们，你们是不是也觉得看病是一件很麻烦的事情呢？如果要你自己一个人去医院看病，你觉得最大的困难是什么呢？

知识学堂

生病后，及时就医才能及早诊断、治疗。不及时请医生诊断，盲目自行用药，结果往往是钱花了不少，药也吃了不少，病情却不见好转，甚至日益加重。更重要的是，延误了治疗的最佳时间。

一、就医前的准备

首先，要带上医保卡，准备好医药费。其次，要准备好以往的病历本、检查报告单，以便供医生参考。如果要检查肝功能、血脂、B 超，胃肠造影、同位素检查等，在早晨去医院看病时，要保持空腹，不能进食和饮水。最后，不要化妆，以免干扰医生的观察以及对病情的判断。

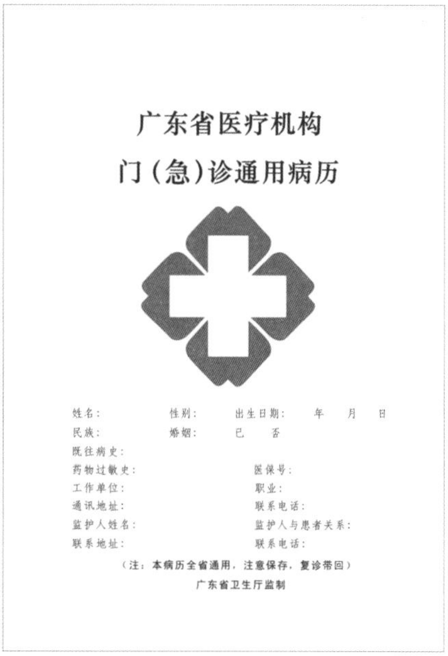

二、就医基本流程

1. 挂号

到医院看病，首先要到挂号处挂号，填写挂号本，并交纳挂号费。挂号时，要选择去哪一个专科门诊，如内科、外科、妇产科、儿科、中医科、皮肤科、眼科、耳鼻喉科、口腔科等。如果不清楚该挂什么课，可以向门诊咨询台的导医护士求助。

在医院门诊挂号时，还要在普通门诊和专家门诊之间做出选择。一般专家门诊的挂号费要高一些，且名额有限。如果疾病比较复杂，最好选择专家门诊；如果疾病比较简单、明确，或者只是复查和配药，挂普通门诊就可以了。

2. 找医生

挂完号后，根据挂号单上的提示，带上病历本去到相应的诊室，就可以找医生看病了。在请医生诊断、治疗的过程中，要如实讲述病情，不能加以隐瞒。如果转诊到别的医生处，一定要把此前的诊断、治疗的情况讲述清楚。

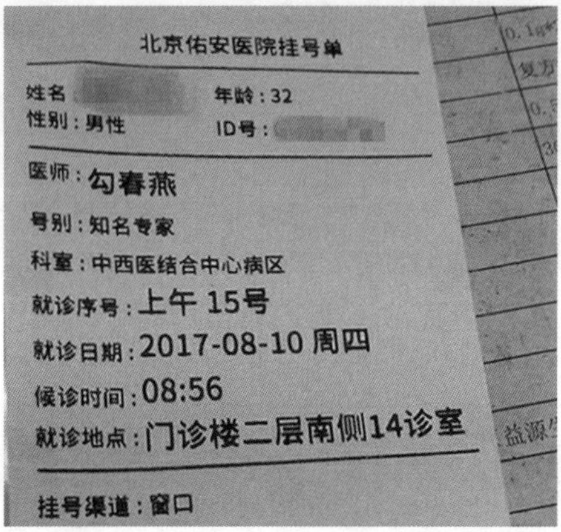
北京佑安医院挂号单
姓名　　年龄：32
性别：男性　　ID号：
医师：勾春燕
号别：知名专家
科室：中西医结合中心病区
就诊序号：上午15号
就诊日期：2017-08-10 周四
候诊时间：08:56
就诊地点：门诊楼二层南侧14诊室
挂号渠道：窗口

3. 缴费

医生了解病情后给我们开药，我们拿医生开的处方先去缴费处缴费。如果医生觉得需化验后才能进一步诊断，会开化验单给我们，我们拿到化验单也要先到缴费处缴费；化验结束后，要拿好化验结果去找给我们看病的医生。

4. 取药

缴费后凭缴费单去药房取药。大医院的取药处一般有电子显示屏，等到显示屏上有自己的名字时，就可以去取药了。

三、服药要遵从医嘱

拿药的时候要特别留意药师的嘱咐，弄清楚每种药的用法和用量。一般医师还会把这些服药的关键信息贴在药盒上，服药前要留意查看。如果医生的嘱咐和说明书上不一致，要以医生的嘱咐为准。

感悟体验

在教室的四张课桌上分别用纸张贴上“挂号处”“诊室”“缴费处”“取药处”的

标签，并且由学生模拟医院工作人员。每位同学模拟去医院看病（比如腹泻），挂号、填写病历本、找医生、缴费、取药各个环节都熟悉一遍。

每位同学完成后，请其他同学对其表现进行评价，最后老师点评。请每位同学把同学和老师的评价记下来。

我做得好的地方是：____

____

我还需要改进的地方是：______________________________________

____

实践运用

与家长沟通，当下次带孩子去医院看病时，尽量让孩子自己去操作，只有当孩子遇到困难时才给予必要提醒或协助。通过几次实际锻炼，逐渐让学生能够自主或基本自主地就医看病。

专题小结

生病后去医院看病是我们每个人都会遇到的问题，我们要逐渐学会自己去医院看病。看病前先要做好准备工作，带好必要的材料和证件。到了医院先挂号，然后到相应的科室找医生看病，医生开好处方后我们先交费再拿药。医生在开处方前可能先要我们做检查，拿到检查单后我们先缴费，然后去做检查。有了检查结果后我们再找医生开药方。

专题10　预防登革热

教学目标

分层能力目标（根据学生的实际能力水平分三个层次：Ⅰ低组；Ⅱ中组；Ⅲ高组）：

（1）了解登革热的症状及多发的时季（Ⅰ、Ⅱ、Ⅲ层次）。

（2）知道登革热的传播途径（Ⅱ、Ⅲ层次）。

（3）初步掌握登革热的预防措施（Ⅱ、Ⅲ层次）。

教学准备

收集预防登革热的宣传视频、图片，制作PPT课件。

课前智能拓展

“故事排序”——表达与理解能力训练，可参考第五篇。

学习导入

拓展知识

案例分析：

小王国庆前到东南亚某国出差一周，回国一周后突然畏寒、发热，过了一两天又出现头痛、眼眶痛、肌肉、关节和骨骼痛，而且面、颈、胸部等多处部位潮红。

小王得了什么病？下面有四个选项，你觉得应该是（　　）。

A. 感冒　　B. 发烧　　C. 细菌感染　　D. 登革热

为什么你觉得小王患的是这种病？理由是什么？

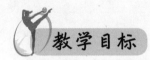

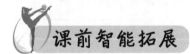

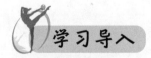

小王得的病是登革热。

你听说过登革热吗？下面，我们一起来学习登革热的相关知识，就能明白为什么小王得的是登革热。

知识学堂

了解“登革热”

登革热是登革病毒经蚊虫传播引起的急性传染病。登革热不仅可累及血液、神经、循环等系统，还会造成肝功能损害，轻症者经治疗几天内可以痊愈，重症者可能危及生命，因此这个病需要引起我们的重视。

1. 登革热的主要症状

（1）突发高热：持续3～7天，体温可达39摄氏度以上。

（2）三痛：即剧烈头痛、眼眶痛、关节肌肉疼痛。

（3）三红征：即面、颈、胸部等部位潮红、皮疹，严重者可在不同部位有不同程度的出血现象。

2. 登革热的多发时季和地区

登革热的发病有季节性，高峰为7—10月，广泛流行于热带和亚热带，其中以南美洲、东南亚等地区、国家较为严重，我国登革热病例主要发病地区在华南地区。

3. 登革热的潜伏期和治疗

登革热的潜伏期是3～14天，即病人一般在蚊虫叮咬后3～14天内发病。如发现有符合上述登革热的症状特征，应及时到医院诊治，避免延误。

前文案例中小王的症状、发病时间和出差地点与登革热的临床表现、多发时季和地区等都相吻合，因此可以初步判断小王可能得了登革热。

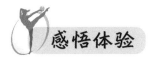

感悟体验

登革热的传播途经

有人得知邻居或亲友得了登革热，便不敢接近，出入戴口罩，在家里熏醋，生怕被其传染。其实，这样做并不能防止被传染，因为登革热并不会由人直接传染，它是通过蚊子叮咬在人群中传播的。另外，不是所有蚊子都传播这病，登革热主要是伊蚊

（俗称花斑蚊，如下图所示）传播。

因此，防止被传染登革热的关键是不要被蚊子叮咬，尤其是被伊蚊叮咬。发现和确诊登革热的病人最好住院隔离，或者注意做好居家隔离，避免登革热病毒再次通过蚊子叮咬造成传播。

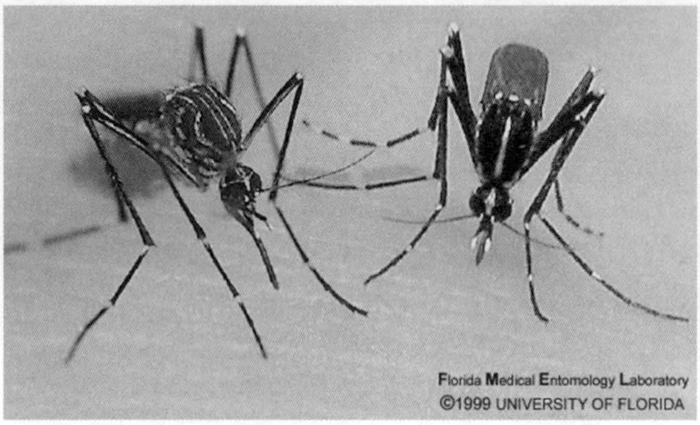

埃及伊蚊（左）和白纹伊蚊（右）雌蚊

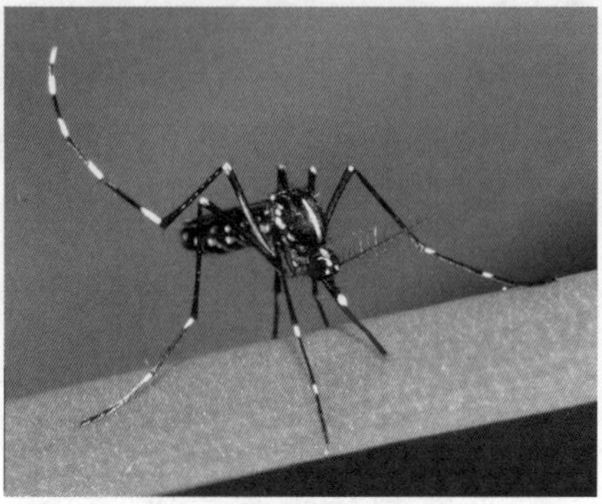

白纹伊蚊雌蚊

拓展知识

白纹伊蚊的生活习惯

1. 伊蚊喜欢生活在花瓶、阳台等有积水的地方。

2. 伊蚊喜欢白天活动，一天内多见早晨、黄昏两个高峰，约在当地日出后1～2小时和日落前2～3小时。

实践运用

如何预防登革热

登革热是通过蚊子叮咬在人群中传播的，因此，预防登革热的首要方法就灭蚊。所有容易滋生蚊子的物品、积水和环境，我们都要进行彻底清除、清扫和消灭，控制传染源，切断传播途径。

预防登革热的具体措施主要有：

（1）采用各种方法灭蚊杀蚊，如喷洒杀蚊剂、点灭蚊片，消灭成蚊。

（2）尽量不养水生植物，要养须勤换水，定期清洗根部。

（3）清理家中有积水的盆罐和地方，消灭伊蚊滋生地。

（4）改善卫生环境，填平地面，保持水渠、下水道等通畅。

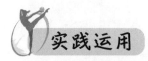

（5）家居安装蚊帐、防蚊网，使用驱蚊剂、蚊香等，做好防护措施。

（6）少去登革热流行区，外出尽量穿长衣长裤，做好防蚊措施。

专题小结

观看视频："预防登革热宣传片"①。

登革热是一种可防、可控、可治的疾病，完全不必对它感到害怕、恐慌。我们要加强宣传教育，使大家了解登革热，做好预防工作。只要大家齐心协力清除积水，做好灭蚊防蚊措施，登革热是可以被预防的。

家庭作业

检查一下家里是否存在经常留有积水的盆桶瓶罐、水生植物或容易滋生蚊子的积水地方。如果有，和家人一起进行清洗、清除和清扫。

① https：//v. qq. com/x/page/f0745xwnnaj. html

专题 11　预防流感

教学目标

分层能力目标（根据学生的实际能力水平分三个层次：Ⅰ低组；Ⅱ中组；Ⅲ高组）：

（1）了解流感的症状及流行时季（Ⅰ、Ⅱ、Ⅲ层次）。

（2）知道流感的传播途径（Ⅱ、Ⅲ层次）。

（3）初步掌握预防流感的措施（Ⅱ、Ⅲ层次）。

教学准备

收集预防流感的宣传视频、图片，制作 PPT 课件。

课前智能拓展

“趣味西游”——注意力训练，可参考第五篇。

学习导入

看图猜猜：出示下图，请同学们仔细看看图中人物的症状表现，猜猜他可能得了什么病。

同学们可能猜到了，他得了感冒，但这不是普通的感冒，而是流行性感冒（简称流感）。今天，我们一起来学习“预防流感”。

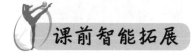

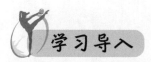

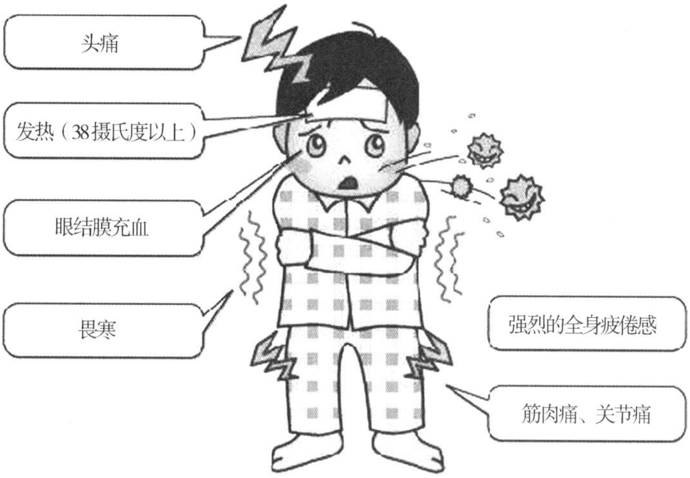

知识学堂

了解“流感”

流感是流行性感冒的简称，是由流感病毒引起的急性呼吸道传染病。

流感传染性大，传播迅速，极易发生大范围流行。患流感后，如不及时治疗，还可能并发肺炎、支气管炎、心肌炎等疾病，使患病时间更长，病情更严重，甚至死亡。因此，流感需要引起我们的重视。

1. 流感的主要症状

（1）急起高热、畏寒，体温可达 39～40 摄氏度。

（2）多伴头痛、咽喉痛、全身肌肉关节酸痛、乏力。

（3）鼻塞、流涕、咳嗽。

（4）颜面潮红，眼结膜轻度充血等。

以上症状可持续 2～7 天不等，无并发症的患者通常 5～10 天可自愈。轻症流感与普通感冒相似，症状轻，2～3 天可恢复，但重症感染或引起并发症时则需要住院治疗，儿童、老人及体弱者是重症并发症的高危人群。因此，发现流感应及早应用抗流感病毒药物，对症治疗。

2. 流感的流行季节

流感一般在春季和秋季高发，且极易发生大范围流行。人群对流感病毒普遍易感，感染后可产生一定免疫力。流感流行常突然发生，迅速蔓延，流行情况与人群密集程度有关。

与普通感冒不同，流感的传染性强，常引起爆发或流行，易发生并发症，危害性大，需要加强对大众的卫生知识宣传教育。

感悟体验

流感的传播途经

流感的传播一般通过空气中的飞沫、人与人的接触或与被污染物品的接触（如下图所示）。流感病毒通过病患者的咳嗽、喷嚏扩散到周围空气中，最远距离可达4～5米，进入该区域的健康人，可能会因此而感染发病。另外，也可以通过与患者的身体接触，或双手接触到被流感病毒污染的物品，后触摸自己的口鼻而获得感染。

流感的传播途径

实践运用

流感的预防

首先，接种流感疫苗是最有效预防流感及其并发症的手段。对于没有接种过流感疫苗的人，可以主动到社区的防疫部门去接种疫苗。其次，我们还可以从以下六个方面，加强对流感的预防：

（1）保持室内空气流通，流行高峰期避免去人群聚集场所。

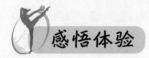

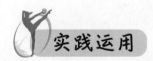

（2）如出现流感样症状应及时就医，并减少接触他人。

（3）咳嗽、打喷嚏时应使用纸巾等捂住口鼻，避免飞沫传播。

（4）正确勤洗手，避免脏手接触口、眼、鼻。

（5）季节更替注意保暖防寒，合理饮食，作息规律。

（6）加强体育锻炼，提高身体抗病能力。

技能练习

正确洗手的方式

按照下图正确洗手的六步骤，教师先讲解示范，学生模仿学习。

（1）互洗掌面

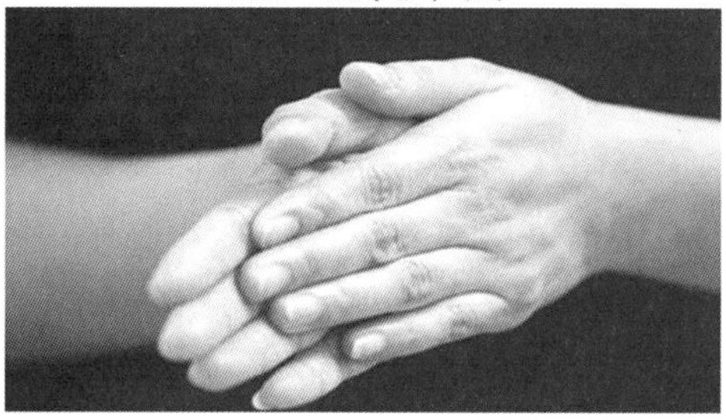

（2）互洗手背

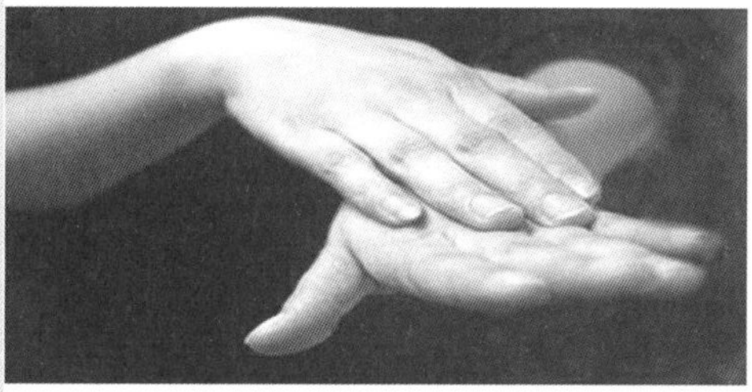

（3）互擦洗手指间隙

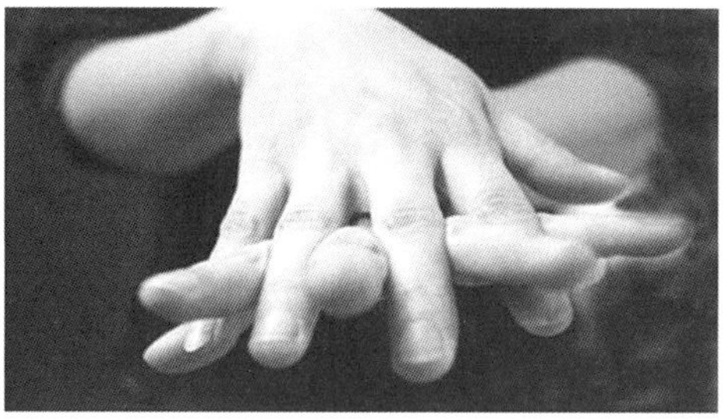

（4）旋转洗大拇指

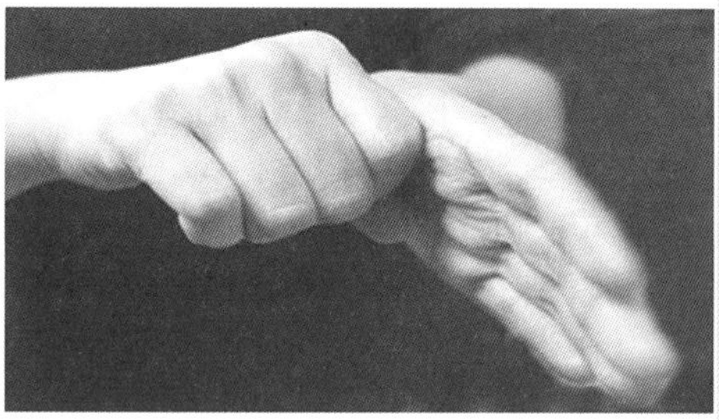

（5）互挠洗掌心、指尖

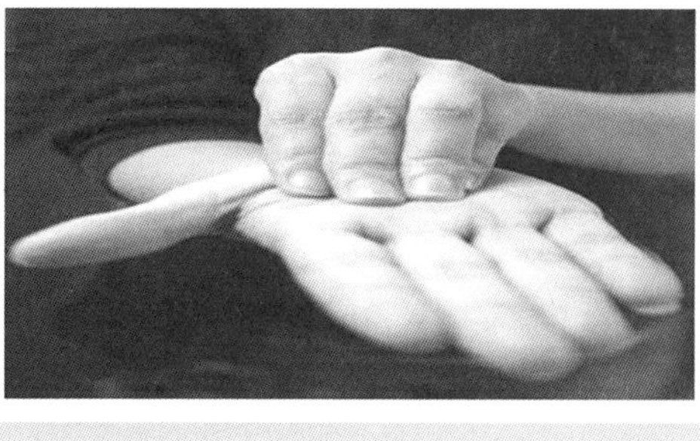

（6）旋转洗手腕

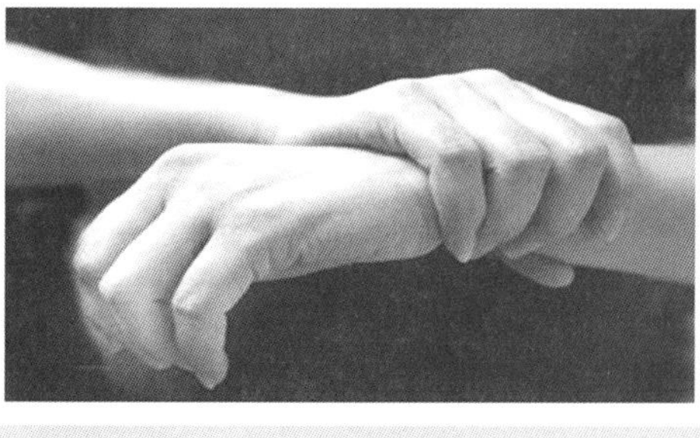

专题小结

观看视频："流感的预防"①。

流感来了不用怕，掌握方法可预防，加强锻炼增体质，保暖防寒要注意，接种疫苗效果好，发现病情早就医。

家庭作业

练习正确洗手的方法，用手机拍摄自己正确洗手的过程视频，周日前发给老师。

① https：//v. qq. com/x/page/t05053zq1tz. html

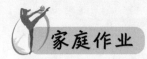

专题 12　艾滋病及预防

教学目标

分层能力目标（根据学生的实际能力水平分三个层次：Ⅰ低组；Ⅱ中组；Ⅲ高组）：

（1）了解艾滋病及其主要症状（Ⅰ、Ⅱ、Ⅲ层次）。

（2）知道艾滋病的传播途径，消除恐惧心理（Ⅱ、Ⅲ层次）。

（3）初步掌握艾滋病的预防措施（Ⅱ、Ⅲ层次）。

教学准备

收集预防艾滋病的宣传视频、图片，制作 PPT 课件。

课前智能拓展

“你说我猜”——表达与理解能力训练，可参考第五篇。

学习导入

猜字词游戏：出示“艾滋病”一词，一个同学背对黑板猜词，其他同学用各种方式提示，但是不能直接说出这个词或每一个字。

观察同学们用什么方式进行提示，当有人能提供有效提示或正确猜出字词时给予表扬鼓励。

提问分享：同学们有没有听过“艾滋病”这个词？都在什么情景场合听过？了解这个病吗？听到这个病有什么感受？

知识学堂

了解艾滋病

1. 什么是艾滋病

艾滋病，即获得性免疫缺陷综合征，其英文缩写为AIDS，是由艾滋病病毒（HIV）引起的一种危害性极大的传染病。

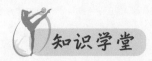

艾滋病病毒摧毁人体的免疫系统，使人体的免疫力下降，易于感染各种疾病，并可发生恶性肿瘤，病死率较高。因此，艾滋病是一种病死率极高的严重传染病，目前还没有治愈的药方和预防疫苗，但可以预防。

2. 艾滋病的主要症状

艾滋病发病以青壮年较多，症状多种多样，一般分为六大类。

（1）一般性症状：持续发热、虚弱、盗汗，全身淋巴结肿大、体重下降明显。

（2）呼吸道症状：长期咳嗽、胸痛、呼吸困难，严重时痰中带血。

（3）消化道症状：厌食、恶心、呕吐、腹泻，严重时可便血。

（4）神经系统症状：头晕、头痛、反应迟钝、智力减退等。

（5）皮肤和黏膜损害。

（6）肿瘤。

拓展知识

艾滋病的历史

艾滋病起源于非洲，后由移民带入美国。1981年6月5日，美国亚特兰大疾病控制中心介绍了5例艾滋病病人的病史，这是世界上第一次有关艾滋病的正式记载。1982年，这种疾病被命名为“艾滋病”。不久以后，艾滋病迅速蔓延到各大洲。1985年，一位到中国旅游的外籍青年患病入住北京协和医院后很快死亡，后被证实死于艾滋病。这是我国第一次发现艾滋病。

3. 艾滋病的潜伏期和窗口期

需要引起注意的是，艾滋病病毒在人体内的潜伏期平均为8～9年，也就是说，HIV感染者要经过数年、甚至长达10年或更长的潜伏期后才会发展成艾滋病患者，在此之前可以没有任何症状地生活和工作多年。此外，艾滋病还有个检测窗口期，为2～12周，在这个期间可能查不出感染艾滋病病毒。

正因为这样特点，艾滋病的预防工作有赖于对大众的广泛宣传教育，世界卫生组织把每年的12月1日设为艾滋病宣传日。

感悟体验

艾滋病的传播途经

艾滋病的传播途径主要有三种。

1. 性接触传播

艾滋病感染者的血液、精液和阴道分泌物，以及唾液乳汁和泪液等体液都含有艾滋病毒。这也是目前艾滋病传播的最主要途径。

2. 血液传播

通过输入含有艾滋病病毒的血液和血制品等被感染。与他人共用针具、针头、剃须刀、牙刷，以及不洁的理发、美容、纹身等都能够传播艾滋病。

4. 母婴传播

感染了HIV的妇女在妊娠以及分娩过程中把病毒传染给胎儿。

澄清辨析

日常和工作接触不会传播艾滋病

许多人对艾滋病感染者感到十分恐惧，避之不及，害怕跟其接近就会被传染。其实，艾滋病毒十分脆弱，日常和工作接触（如下图中的情况）不会感染艾滋病。

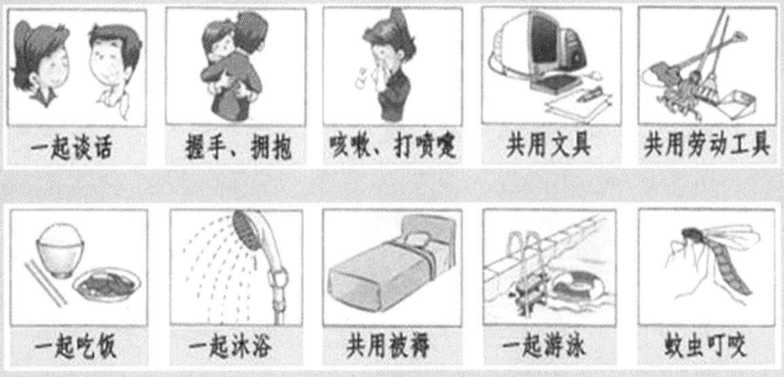

实践运用

艾滋病的预防

艾滋病威胁着每一个人和每一个家庭，预防艾滋病是全社会的责任。向全社会宣传预防艾滋病的科普知识，是我国预防和控制艾滋病传播和流行的重要措施之一。预防艾滋病，要注意以下六个方面：

（1）洁身自爱，遵守性道德，保持单一性伴侣。

（2）正确使用质量合格的安全套。

（3）严禁吸毒，不与他人共用注射器。

（4）避免不必要的注射、输液和使用血液制品。

（5）不和他人共用牙刷、剃须刀等个人物品。

（6）关心、帮助和不歧视艾滋病病人和艾滋病感染者。

辨析判断

判断下列关于艾滋病知识的对错

（1）艾滋病是一种病死率极高的严重传染病。（　　）

（2）艾滋病目前有治愈的药方，也可以预防。（　　）

（3）艾滋病病毒通过破坏人类免疫系统，导致发生多种感染和肿瘤，以致最终死亡。（　　）

（4）日常和工作接触会传染艾滋病。（　　）

（5）一起吃饭和游泳会传染艾滋病。（　　）

（6）握手、拥抱不会传染艾滋病。（　　）

专题小结

观看视频："预防艾滋病，珍爱生命"①。

艾滋病可防、可控，大家不必"谈艾色变"。洁身自爱，主动检测，治艾防艾，是最好的社会疫苗。

① https：//v. qq. com/x/page/l0512av48by. html

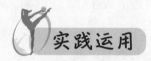

第二篇
心理健康

心理健康是人体健康不可分割的重要组成部分，一个人的心理健康对自身的发展极为重要。心理健康的人具有良好的心态，容易适应社会环境变化，能够保持稳定的情绪和良好的人际关系，在学习和工作中更能发挥出自己的潜能。同时，心理健康也能促进我们的身体健康，有利于个性的和谐发展。

同学们，让我们一起来关注自己的心理健康，学会正确认识自己，悦纳自己，提高自信心；学习在生活中如何适当表达情绪和调控自我的情绪，做一个热爱生命、积极乐观的人。本篇根据心理健康发展的实际需求，从认识自我、增强自信、情绪管理、认识生命、诚实做人、养成良好习惯、防范校园欺凌等方面提供十个专题，帮助同学们维护心理健康，提升心理素质，培养健全人格，为今后回归主流社会的生存发展奠定坚实的心理基础。

专题1　我是独一无二的

教学目标

分层能力目标（根据学生的实际能力水平分三个层次：Ⅰ低组；Ⅱ中组；Ⅲ高组）：

（1）了解什么是自我认知及其意义（Ⅰ、Ⅱ、Ⅲ层次）。

（2）初步掌握正确认识自我的途径（Ⅰ、Ⅱ、Ⅲ层次）。

（3）初步学会发现自己的独特性，肯定和接纳自己（Ⅱ、Ⅲ层次）。

教学准备

（1）A4 纸、彩笔、透明胶若干。

（2）学生准备能突显个人特点的照片或图片。

课前智能拓展

“创意打击乐团”——团队协作训练，可参考第五篇。

学习导入

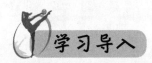

猜一猜

斯芬克斯之谜

在希腊神话中，有一个长着狮子躯干、女人头面的有翼怪兽长期盘踞在忒拜城附近的悬崖上，斯芬克斯是这头怪兽的名字。每一个想要经过她所守候的路口的人，都必须回答同一个谜语，只有回答正确的人才能经过，否则就会被她吃掉。这个谜语就是："什么东西早上四条腿，中午两条腿，晚上三条腿?"行人来来往往，很长的时间里都没有人能回答出这个谜语。同学们，你们能猜出斯芬克斯的谜底是什么吗?

"人啊，认识你自己。"这是希腊古城特尔斐的阿波罗神殿上刻着的七句名言之一，也是迄今为止流传广泛、影响深刻的古希腊名言之一。哲学家苏格拉底把"认识你自己"作为自己研究的核心命题。《西游记》中唐僧自我介绍时常说："贫僧唐三藏，从东土大唐而来，去往西天取经。"简短一句话，简单地说清楚了"我是谁""我从哪来""我往那里去"这三个问题。

知识学堂

一、什么是自我认知

(1) 自我认知也叫自我意识，是指自己对自己的认识，包括对自我的觉察和理解。

(2) 自我认知包括生理自我、心理自我和社会自我这三个方面，其中，生理自我是指对自己生理特征的认识，即对性别、外貌、身体状况等的认识和了解；心理自我是指对自己的心理活动特点的认识，即对个人性格、兴趣、情绪等的认识和了解；社会自我是个体对个人的社会属性的认识，即认识到自己的社会角色、权利及义务、与他人的关系等。

(3) 自我认知是一个过程，是一个又一个阶段性的成果。每个人从呱呱落地开始，一直处在成长变化的生命旅程中。智力、年龄、成长经历、生活环境、社会变化等影响着我们的自我认识，从年幼时的模糊到成年后的逐渐清晰，这是一个相对漫长的过程。在这个过程中，随着认识的不断深入，我们的自我认知存在着阶段性的变化。

二、正确认识自己

正确认识自己，能帮助我们形成清晰的自我形象，认识并确立自我的价值，发现并发挥自身潜能，使个人得到充分的发展。

（1）人的一生是一个不断变化发展的过程，自我认知也一直在变化。

（2）自我观察、他人评价以及社会比较是认识自我的三大主要途径。

（3）要用变化发展的眼光看待自己。

（4）全面、客观地认识“我”这个多面体，既看到自身的优点，又能发现存在的不足。

三、我是独一无二的

1. 接纳自己，看到自己的独特性

正如世界上不可能存在两片一模一样的叶子，我们也无法在生活中找到一个跟自己完全一样的人。每个人都是世界上独一无二的存在，脸上某个小雀斑、自然卷的头发、沙哑的声线、逗趣的表达都可能是我们与众不同的特点。

接纳自己，意味着当你关注自己时，无论是长处还是短处，你都能够看到它们的独特之处。也许并非你的每个特征都与众不同，但众多特征的集合定会赋予你独特的魅力。

2. 相信自己，发掘自己的潜力

人对自我的探索是无穷无尽的，每个人的潜力也是不可估量的。相信自己，肯定自己，积极主动去探索、发掘自身潜在的可能，这为塑造独一无二的自我创造了前提条件。每个人都是一座宝藏，相信只要你用心开垦，宝藏总能绽放出独特的光芒。

感悟体验

一、理一理

体验活动

我是个怎样的人？

请从自我认知的三个方面完成以下句子，写一写现阶段的自己是个什么样的人。

我是一个____________的人　我是一个____________的人

我是一个____________的人　我是一个____________的人

我是一个____________的人　我是一个____________的人

我是一个____________的人　我是一个____________的人

二、议一议

小毛驴和小猴子共同生活在一个主人家。一天，小猴子玩得起兴，就爬到了主人家的房顶，上蹦下跳的，主人一个劲地夸小猴灵巧。为了得到主人的夸奖，小毛驴也爬到了房顶，费了好大劲，但是却把主人房顶上的瓦块给踩坏了。主人见状，便大声赶它下来，并且打了它一顿。小毛驴感到很委屈："为什么小猴能上房，而且还能得到夸奖，而我却不能呢？"

同学们，你认为小毛驴的问题在哪里呢？

实践运用

一、练一练

我的自画像

要求：

（1）请在下列横线上列举你的与众不同之处，描述越细致越好。

（2）请在右边的方框内贴上一张最能突显你特点的照片或图片。

二、自我评价

体验活动

“镜中我”

请根据下列选项的内容，给自己打分（0～10分）

我的容貌（　　）分；　　我的身材（　　）分；

我的整体形象（　　）分；　　我的性格（　　）分；

我的交往能力（　　）分；　　我的观察能力（　　）分；

我的记忆能力（　　）分；　　我的表达能力（　　）分；

我的理解能力（　　）分；　　我的自理能力（　　）分；

我对自我了解（　　）分；　　自我的满意度（　　）分。

三、同学评价

体验活动

“背后的留言”

活动规则：

请在A4纸正中间写上你的名字，并写上你想对留言的同学说的一句话，然后用透明胶将A4纸贴在背后。

留言的同学在同学背后的A4纸上写上你对其的评价。

专题小结

探索自我、认识自我，认识自己，并非易事，它是一个过程，随着我们的成长而不断深入，是每个人终其一生的重要功课。“路漫漫其修远兮”，在追寻自我这条道路上，愿我们能以积极的心态看待自己，全面客观地认识自己，挖掘自我的可能性，塑造出独一无二的自我。

专题 2　天生我材必有用

教学目标

分层能力目标（根据学生的实际能力水平分三个层次：Ⅰ低组；Ⅱ中组；Ⅲ高组）：

（1）了解什么是自信以及自信的表现（Ⅰ、Ⅱ、Ⅲ层次）。

（2）初步懂得自信的意义，知道自信的来源（Ⅱ、Ⅲ层次）。

（3）增强自信心，初步掌握提升自信的方法（Ⅱ、Ⅲ层次）。

教学准备

课堂活动任务页。

课前智能拓展

“幻眼世界”——观察力训练，可参考第五篇。

学习导入

伸出你的手掌，仔细地观察每一个手指，你会有什么发现？我们每个人都是这个世界上独一无二的存在，我们的五个手指也是如此。尽管它们长短不一，但在生活中都发挥着各不相同的作用。就好像阳光让人们感到温暖，鲜花带来了芬芳，雨水能滋养旱田一般，世间的万事万物都有其存在的价值。

正所谓“天生我才必有用”，我们每个人，虽都不是完美的，但只要对自己有信心，愿意努力，就能够创造和发挥个人的价值，掌控自己的命运。做自己命运的主人，我们不仅要正确地认识自己，关键还在于要自信。

知识学堂

什么是自信

1. 自信的定义

自信是指一个人对自己的能力、价值、品质等方面的积极感受。通俗来讲，就是自己相信自己，是对自我的肯定，它以自尊为基础。只有相信接纳自己、认可自己的价值的人才能产生自信。自信是一种积极的、稳定的心理特征。

在日常生活中，“自卑”“自负”和“自信”经常结伴出现。自卑是与自信相反的一种心理特征，它主要表现为对自己的不信任、对自我的贬低，是一种消极的感受。自负跟自信比较接近，但往往有夸大的成分，表现为盲目地高估了自己，常常活在幻想中的自我里。

2. 自信的表现

自信的人在现实生活中往往表现出虚心、坦诚、勇敢、果断、开放、大度、活泼、内外一致、幽默、好相处等特点。

测一测

罗森伯格自信心量表

指导语：以下是一组有关自我感觉的句子，请你按照自己的情况如实回答。

1 代表很不同意，2 代表不同意，3 代表同意，4 代表很同意。

(1) 我认为自己是个有价值的人，至少基本上是与别人相等的。	1	2	3	4
(2) 我觉得我有很多优点。	1	2	3	4
(3) 总体而言，我觉得我是一个失败者。®	1	2	3	4
(4) 我做事的能力和大部分人一样好。	1	2	3	4
(5) 我觉得自己没有什么值得骄傲。®	1	2	3	4
(6) 我对于自己是抱着肯定的态度。	1	2	3	4
(7) 总体而言，我对自己感到满意。	1	2	3	4
(8) 我希望我能够更多地尊重自己。®	1	2	3	4
(9) 有时候我确实觉得自己很没用。®	1	2	3	4
(10) 有时候我认为自己一无是处。®	1	2	3	4

计分规则说明：

标注“®”的题目需要反向计分（即 1 计 4 分，2 计 3 分，3 计 2 分，4 计 1 分）。

得分解释：

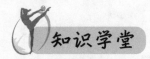

测一测

10～15 分：自卑者。

你对自己缺乏信心，尤其是在上司和陌生人面前，你总是感到自己事事不如别人，你时常感到自卑，你需要大大提高你的自信心。

16～25 分：自我感觉平常者。

你对自己感觉既不是太好，也不是太不好。你在某些场合下对自我感到相当自信，但在其他场合感到相当自卑，你需要稳定你的自信心。

26～35 分：自信者。

你对自己感觉十分良好。在大多数场合下，你对自我充满了自信，你不会因为在陌生人或上级面前而感到紧张，也不会因为没有经验就不敢尝试。你需要在不同场合下调整你的自信心。

36～40 分：超级自信者。

你对自己感觉太好了。几乎在所有场合下，你都对自我充满了自信，你甚至不知道什么叫自卑。你需要学会控制你的自信心，变得自谦一些。

感悟体验

一、自信的意义

古往今来，名人们对自信都有自己独到的见解。诺贝尔奖获得者、爱尔兰剧作家萧伯纳说过："有信心的人，可以化渺小为伟大，化平庸为神奇。"诗仙李白在《将进酒》一诗中也写道："大生我材必有用，千金散尽还复来。"自信就像一台动力机，它能激发人的潜能，提升人的意志力，增强人的抗挫能力，是一个人成功的基础和保障。

下面，请同学们一起品一品世界著名指挥家小泽征尔的故事，并谈谈你从故事中得到的启发有哪些。

品一品

征尔的故事

小泽征尔是世界著名的音乐指挥家。

一次，他去欧洲参加指挥家大赛，在进行前三名决赛时，他被安排在最后一个参赛，评判委员会交给他一张乐谱。小泽征尔以世界一流指挥家的风度，全神贯注地挥动着他的指挥棒，指挥一支世界一流的乐队，演奏具有国际水平的乐章。在演奏中，小泽征尔突然发现乐曲中出现不和谐的地方。开始，他以为是演奏家们演奏错了，就指挥乐队停下来重奏一次，但仍觉得不自然。这时，在场的作曲家和评判委员会权威人士都郑重声明乐谱没问题，这是小泽征尔的错觉。他被大家弄得十分难堪。在这庄严的音乐厅内，面对几百名国际音乐大师和权威，他不免对自己的判断产生了动摇，但是，他考虑再三，坚信自己的判断是正确的："不！一定是乐谱错了！"他的话音刚落，评判台上的评委们立即站立向他报以热烈的掌声，祝贺他大赛夺魁。

原来，这是评委们精心设计的圈套。前面的选手虽然也发现了问题，但因为附和权威们的意见而惨遭淘汰，小泽征尔则因充满自信而获得冠军。

二、自信如何形成

一个人的自信并非天生的，而是在成长的过程和后天环境的不断磨炼下形成和发展起来的。自信的形成是一个过程，往往得益于能力的提升，需要时间的积累。一般而言，自信心的形成主要来源于两个方面：一是自己对自己的肯定，二是别人对自己的肯定和赞赏。当我们还处在牙牙学语的阶段时，爸爸妈妈的一句"宝宝会说话啦，真棒!"常常会令我们高兴得手舞足蹈，情不自禁地重复先前的行为。随着年龄的增长，当我们发现自己能帮爸爸妈妈做家务、自己做饭、写字、完成高难度的运动、解答复杂的问题时，内心也会产生一次又一次的积极感受。就这样，我们的自信心就一点一点地培养起来了。

体验活动

"为自己喝彩"

我们都希望自己是一个有价值的人，都渴望能够得到他人的认可和赞赏，但并非每个人都能享受到舞台上耀眼的一刻。也许并没有人注意到你的特别之处，也没有人给予你鲜花和掌声，但是你可以伸出自己的双手，为自己喝彩！

请你完成下面的句子，并谈谈你在此过程中有哪些感受和收获。

我为自己<u>唱歌好听</u>感到自豪，因为<u>不是每个人都有我这样的好嗓音。</u>

我为自己________感到自豪，因为________________

我为自己________感到自豪，因为________________

我为自己________感到自豪，因为________________

我为自己________感到自豪，因为________________

我为自己__________感到自豪，因为______________________

我为自己__________感到自豪，因为______________________

我为自己__________感到自豪，因为______________________

我为自己__________感到自豪，因为______________________

体验活动

“优点轰炸机”

活动规则：

一位同学坐在或站在小组中央，其他人轮流说出他的优点或欣赏之处（如性格、相貌、能力、处事）。

每一轮“优点轰炸”结束后，被称赞的同学要说出哪些优点是自己以前觉察的，哪些是自己不知道的，并分享自己被称赞后的感受。

要求同学在说出对方的优点时态度要诚恳，不能毫无根据地吹捧。

实践运用

天生我材必有用

1. 正确认识自己，接纳自己

我们每个人都是独特的存在，正确地看待自己，既看到自己的优点和长处，又能接受自己的缺点和不足，不以他人的评价来评判自我的价值，而是通过与自己的过去进行对比，发展客观、积极、健康的自我概念。

2. 对自己实施积极自我暗示

有人曾说：“一切的成就，一切的财富，都始于一个意念。”积极的自我暗示是一种巨大的心理能量，能够提升人的自信心，有助于个人才能的充分发挥。在我们实现人生价值的过程中，困难和挫折总是相伴而来，积极的自我暗示能够让我们更勇敢，更坚毅，更能发挥自己的潜能。在日常生活中，我们不妨多告诉自己“我能行！”“我做得真好！”“太棒了，我又进步了！”“没关系，放轻松，我可以的。”

3. 换个角度看自身的不足

每个人都是被上帝咬了一口的苹果，于自己而言，我们身上都有各种不同的缺陷。

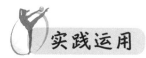

对待缺陷，是选择自怨自艾，裹足不前呢，还是选择接纳它，并从中发掘它的可爱之处呢？正所谓“山重水复疑无路，柳暗花明又一村”，换个角度看自身不足，也许它会给你带来意想不到的惊喜。

练一练

“黑点加工厂”

每个人身上都一些被我们称为不足的“黑点”，当我们换个角度看待它们时，也许你会发现它们的讨喜之处。

请你按照示例，完成下列的句子，并谈谈你完成后的感受。

虽然我____比较矮____，但是____浓缩就是精华，个子矮的我反应快____。

虽然我________，但是________________。

虽然我________，但是________________。

虽然我________，但是________________。

虽然我________，但是________________。

虽然我________，但是________________。

专题小结

每个人都是一道风景，或美丽，或平凡；每个人都编织着自己的故事，或精彩，或平淡。正确认识自己、接纳自我，学会欣赏自身的美好，换个角度去看待自身不足，主动改善，你会发现平凡中自有精彩，“黑点”也会有闪光之处。

同学们，命运是掌握在我们自己手里的，相信自己，付出努力，我们每个人都可以拥有精彩的人生。

专题3　认识情绪

教学目标

分层能力目标（根据学生的实际能力水平分三个层次：Ⅰ低组；Ⅱ中组；Ⅲ高组）：

（1）了解什么是情绪，能够区分积极和消极的情绪（Ⅰ、Ⅱ、Ⅲ层次）。

（2）知道情绪的表达方式，能够识别几种常见的情绪（Ⅱ、Ⅲ层次）。

（3）初步学会接纳自己和别人的情绪，培养开心愉悦的积极情绪（Ⅱ、Ⅲ层次）。

教学准备

收集常见的表情图，情绪成语和对应图片，制作PPT课件。

课前智能拓展

“叠叠高积木游戏”——手脑协调训练，可参考第五篇。

学习导入

在刚才“叠叠高积木游戏”中，有的同学成功地积木把叠得很高，感到很开心，有的同学叠上去的积木老是掉下来，叠不高，感到很失望。大家在活动中体验了不同的情绪感受。

看图片，猜一猜：出示几张图片（如下图所示），请同学们猜猜图中的人物分别是一种什么情绪（可以把答案写在图片下方的横线上）。

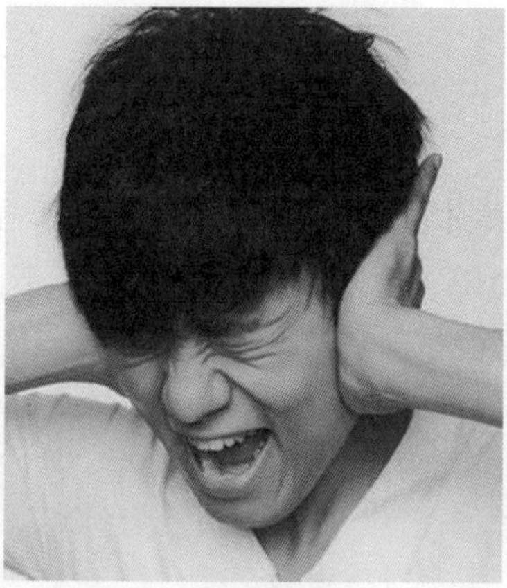

知识学堂

什么是情绪

1. 情绪的定义

情绪是人对客观事物的态度体验。情绪的产生与人的心理需要密切相关。在现实生活中，我们会在与各种事物接触的过程中产生满意或不满意的态度，这种态度引发个体产生各种不同的内心体验。例如，当我们被表扬的时候，会感到满意，产生开心、快乐的情绪体验；相反，当我们被批评、误解的时候，会感到不满意，从而产生伤心、愤怒的情绪体验。

2. 情绪的分类

根据情绪对我们所造成的影响与结果不同，可以把人的情绪分为积极情绪和消极情绪两大类。凡是对人的行为起到促进和增力作用的情绪就是积极情绪，如高兴、开心、愉快、喜悦等；而对人的行为具有削弱和减力作用的情绪就是消极情绪，如紧张、伤心、生气、愤怒等。

显然，积极的情绪对我们的学习生活和身体健康更有帮助，因此，我们要努力使自己更多处于积极的情绪当中。

体验活动

接龙游戏："情绪词"PK

一人说出一个积极情绪词，下一个人要接着说出一个消极情绪词。

感悟体验

情绪的表达方式

在生活中，我们表达情绪的方式主要有三种，即面部表情，身体动作、姿势，声音、语气、语调等。

人的情绪是复杂多样的，生活中除了常见喜、怒、哀、惧等基本情绪，还有害羞、厌恶、惊讶、内疚等复杂的情绪。每一种情绪都有它对应的特定面部表情、肢体动作和语气语调，而且对于不同年龄、地区和种族的人，相同情绪的表情特征大体是一致的。

下面是几种常见的情绪表情图。

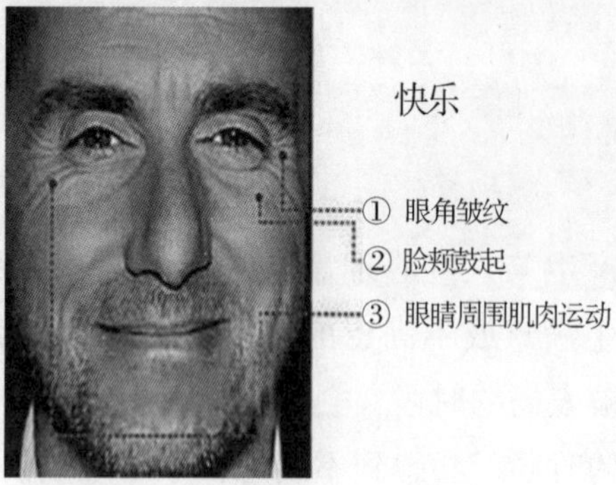

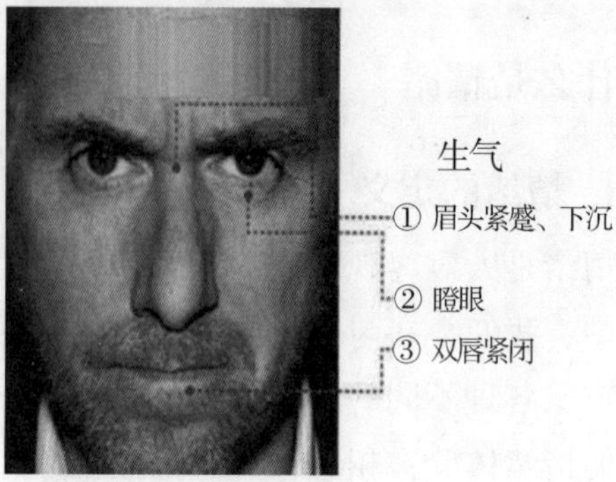

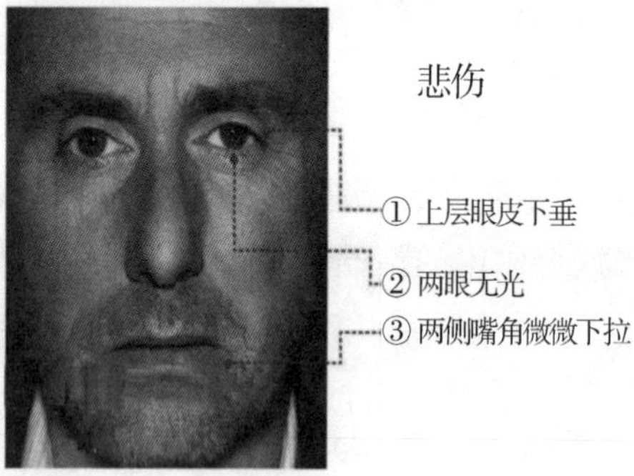

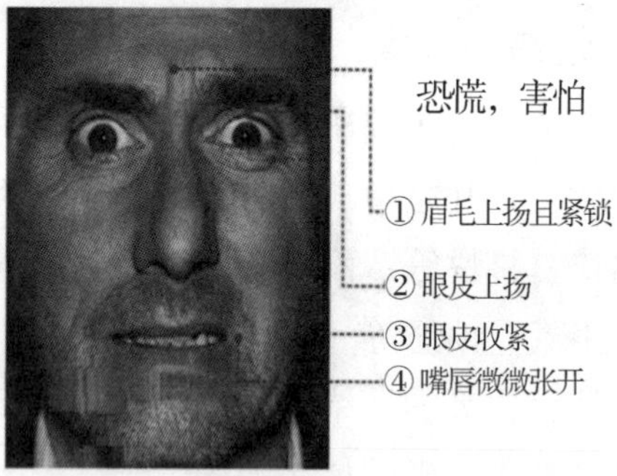

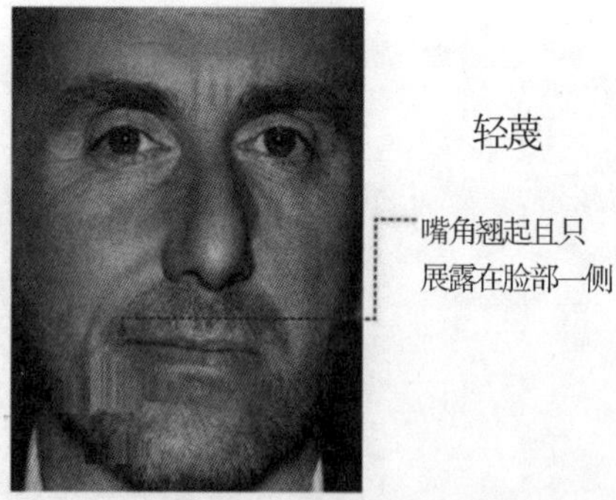

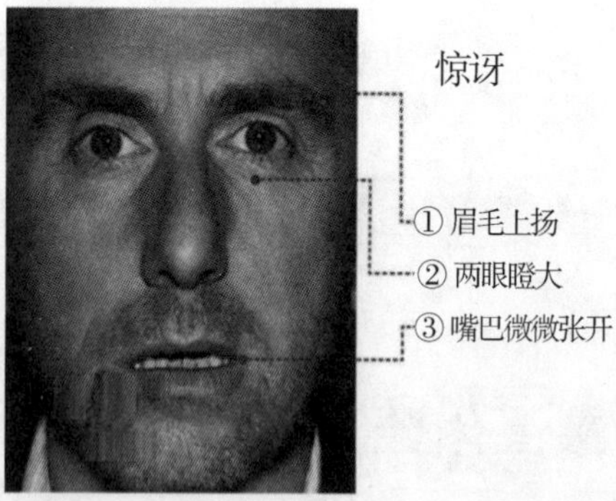

在人际交往中，即使没有语言的交流，我们也可以通过人的表情、动作和声调等去了解他人的情绪。此外，一个人情绪的表达会影响周围的人，经常发脾气、动不动就生气的人，不仅人际关系不好，也不利于自己的身心健康。

实践运用

学会识别情绪

识别情绪，能够帮助我们更好地理解自己和他人的行为、感受，从而更好地接纳自己和他人的情绪。

1. 通过表情识别他人的情绪

练一练：请从下图中找出对应的表情，把序号（如上1、中3、下6）填在相应的情绪栏目上。

高兴：____________________

愤怒：____________________

恐惧：____________________

哀伤：____________________

惊讶：____________________

厌恶：____________________

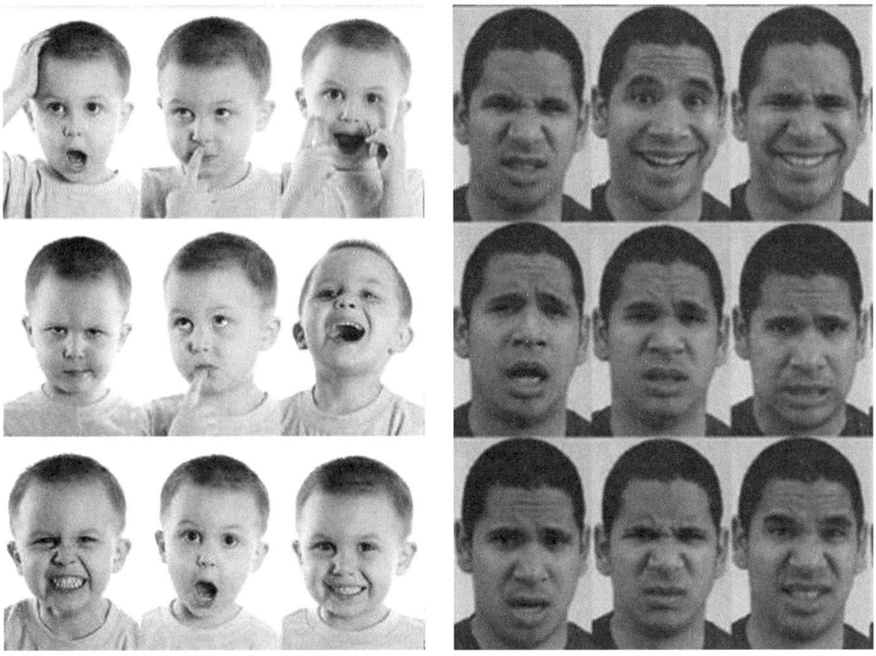

2. 通过肢体动作、声调等识别他人的情绪

练一练：请把下面的情绪成语填入能够表达其含义的图片下方横线上，没有对应图片的情绪成语，请同学们尝试用表情、动作、声调等表达出来。

①手舞足蹈　②暴跳如雷　③惊弓之鸟

④眉开眼笑　⑤坐立不安　⑥垂头丧气

____

____

____

____

专题小结

情绪是我们日常生活中并不陌生的一种心理活动，对于相同的事物，每个人可以有相同或不同的情绪，这是一种正常的现象。我们可以通过表情、身体动作、语气、语调等，来表达自己的情绪，识别他人的情绪，从而更好地接纳自己和他人的情绪。

专题4　合理表达情绪

教学目标

分层能力目标（根据学生的实际能力水平分三个层次：Ⅰ低组；Ⅱ中组；Ⅲ高组）：

(1) 学会合理表达自己的情绪（Ⅰ、Ⅱ、Ⅲ层次）。

(2) 培养表达的自信心（Ⅱ、Ⅲ层次）。

(3) 初步掌握表达负面情绪的技巧（Ⅱ、Ⅲ层次）。

教学准备

“踢猫效应”视频。

课前智能拓展

“判断推理”——思维能力训练，可参考第五篇。

学习导入

同学们，你们知道什么是“踢猫效应”吗？请看下面的漫画。

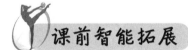

（1）请说一说以上漫画的内容，与同学们分享。

（2）请5位同学分别扮演漫画中的角色，把上述故事表演出来。

踢猫效应

踢猫效应是指对弱于自己或者等级低于自己的对象发泄不满情绪而产生的连锁反应。人的不满情绪和糟糕心情，一般会沿着等级和强弱组成的社会关系链条依次传递。由金字塔尖一直扩散到最底层，无处发泄的最弱小的那一个元素，则成为最终的受害者。

知识学堂

一、情绪表达的重要性

（1）恰当的表达情绪对维护心理健康非常重要，长期压抑自己的负面情绪，容易导致各种心理疾病。

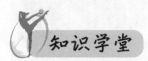

（2）情绪表达给周围的人们一个明确的信号，告诉他们自己所处的状态，使他们能体会到我们的心情。

（3）情绪表达能引发对方对自己行为进行反思，调整他们的行为，避免类似事件再次发生。

（4）表达情绪有助于表达自己的态度，促成当前问题的解决。

二、情绪表达的方式

（1）说出来：借助说话、聊天、打电话、倾诉等形式直接表达出来。

（2）写出来：通过作文、日记、短信、书信或网络媒体等形式向对方表达。

（3）画出来：涂鸦、图画也是一种表达发泄情绪的方式。

（4）唱出来：唱歌、唱卡拉 OK 是表达抒发情绪的很好方式。

（5）动出来：跳舞、运动、旅游、工作等方式也可以帮助我们表达和发泄情绪。

三、情绪表达的原则

1. 反应适度

选择合适的宣泄途径和对象，合理表达情绪；不能随意宣泄，也不要反应过度。可以找父母、老师和朋友，以及心理咨询师进行倾诉，或者通过大哭、吼出来等方式表达情绪。

2. 无伤害

表达情绪时既不要伤害到自己，也不要对他人造成伤害。

3. 不针对他人

在向他人表达负面情绪的时候，要注意以自我为出发点，表达自己内心的感受，而不是去指责他人。

感悟体验

一、情景与讨论

张友是你的好朋友，但是最近他总喜欢开你玩笑，说你唱歌很难听，虽然他是你的好朋友，但是你并不喜欢常常被笑，该如何跟他说呢？

以下是两种回答：

表达 1：张友，你不觉得你开这种玩笑很无聊吗？你怎么不笑你自己呢？你自己也没好到哪里去!

表达 2：张友，当我听到你一直拿我唱歌的事来开玩笑时，我心里觉得很不舒服，在大家面前也很尴尬，希望你尽量不要再拿这件事来开玩笑了!

（1）角色扮演：请两位同学讲扮演以上情境中的角色，一人扮演张友，一人扮演张友的朋友，把以上两种表达展示出来。

（2）回答问题：以上回答哪种更好？为什么？

二、“我觉得……”表达模式

当别人的行为导致你的不满情绪，并且有必要让对方知道时，可以尝试用“我觉得……”表达模式。具体的做法是：先表达自己的心情：“我觉得……”接着指出导致自己心情的原因。

如上面的例子，可以对张友这么说：“我觉得很生气，因为你每次都拿我开玩笑，我不是很喜欢这样的感觉。”

实践运用

在下列情境中，请尝试运用“我觉得……”的方式表达自己的情绪。

情境 1：同桌的又把你的钢笔拿去用了，也不说一声，每次都这样。

情景 2：与你一起值日的同学想偷懒，工作不认真。

情景 3：你与好朋友约定时间见面，对方迟到了半个小时，事先也没有说明什么情况。

情景 4：邻居的小孩到你家里玩，弄乱了你的房间。

专题小结

我们每天都会产生大量的情绪，这些情绪需要通过一定的渠道表达出来。如果一个人的情绪长期得不到合理的表达，将会影响一个人的心理健康。表达情绪有各种方法，如找人诉说、写日记、画画、唱歌、做运动等。表达情绪不能随心所欲，要适度，不伤害自己和他人，也不直接针对他人。特别是在向他人表达负面情绪的时候，重点在表达自己的感受，而不是指责和攻击他人。

家庭作业

（1）向别人表达自己的负面情绪要注意哪些问题？

（2）你以前是否有过和家长闹情绪的经历？如果现在发生类似的情况，你又会怎么做呢？

专题5　适当调控情绪

教学目标

分层能力目标（根据学生的实际能力水平分三个层次：Ⅰ低组；Ⅱ中组；Ⅲ高组）：

（1）知道调控情绪的方法（Ⅰ、Ⅱ、Ⅲ层次）。

（2）学会用恰当的方式调控自己的情绪（Ⅱ、Ⅲ层次）。

（3）初步培养通过改变想法来改善情绪的意识（Ⅱ、Ⅲ层次）。

课前智能拓展

“看图说话”——表达与理解能力训练，可参考第五篇。

学习导入

愉悦而稳定的情绪能使人精力旺盛，提高学习和工作效率，促进人际交往，保持身心健康，促进事业成功。相反，不良情绪不仅会降低学习、工作效率，损害心身健康，而且还会致病，甚至可以致死。

情境案例

小军因为作业马虎，被老师训了一顿之后还要重做，气呼呼的他坐在自己的座位上发呆。这时，匆忙而过的小玲把他桌面上的书碰倒在地上。小玲连忙帮他捡起来并表示歉意，但他却不接受，还大声喊叫、无理取闹，最后小军走过去把小玲的书丢在地上才肯罢休。

思考与讨论：

（1）案例中的小军产生了什么情绪？你赞成他的做法吗？

（2）如果你是小军的好朋友，你建议他怎样调节和控制自己的情绪？

知识学堂

一、哪些情绪需要调控

1. 特别强烈的情绪

过于强烈的情绪，比如过度的兴奋、狂喜、愤怒、惊恐等，会降低我们的思考能力，影响我们的工作效率，导致我们做出一些非理性的行为，比如极度的愤怒可能使我们做出一些伤害他人的行为。此外，过于强烈的情绪也不利于身心健康，即使是高兴的情绪也要适度。特别是心脏病和高血压患者，不能过于高兴和兴奋，否则会导致严重后果，甚至失去生命。

2. 持久的负面情绪

持久的负面情绪会给我们的心理健康带来很大的损害，严重的会导致焦虑症、抑郁症等心理疾病。不仅如此，它们还会给我们的身体健康带来不利影响。据统计，目前与情绪有关的病已达到200多种。在所有患病人群中，70%以上都和情绪有关。

二、情绪调控的方法

1. 找人倾诉

不开心的时候找好朋友聊一聊，把自己的烦恼说出来，不仅能有效地缓解心情，还能够获得好朋友的帮助和支持，有利于问题的解决。如果没有方便倾诉的对象，还可以通过日记的方式，把自己的苦恼写下来，同样有很好的效果。

2. 合理宣泄

不良情绪积累太久会严重影响身心健康，不能够强行压抑，可以通过一些活动将这些情绪迅速发泄出来，如哭泣、呐喊、歌唱、听音乐、运动等一些有效的情绪宣泄方式。需要提醒的是宣泄不能对他人（自己）带来伤害，因此宣泄的时间、地点、对象、方式需要特别注意，如吸烟、酗酒、打人、砸东西等，就不是恰当的宣泄方式。

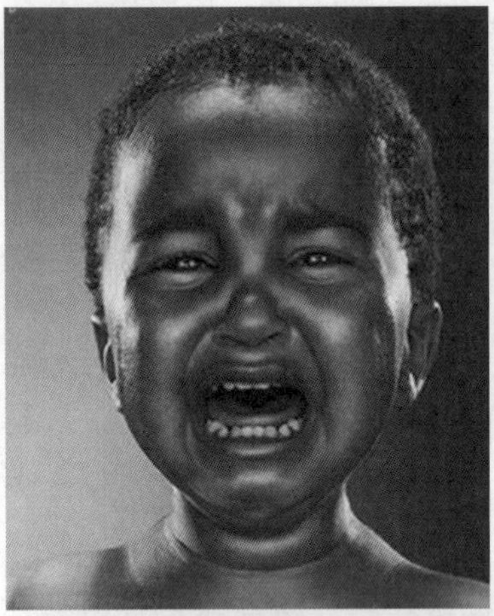

3. 转移注意

把注意力从引起你情绪不佳的事情上移开，如转移话题、做感兴趣的事等，使情绪有个缓解机会，让自己摆脱消极情绪的影响。例如，洗个热水澡、听听音乐，逛逛街、买点喜欢吃的东西，到风景优美的地方走一走，都是放松心情的好办法。

4. 改变想法

我们的心情其实是跟我们的想法密切联系在一起的。引起情绪的根本原因，不是事物本身，而是我们自己对事情的看法。改变自己的看法，就能在一定程度上改变自己的情绪。比如某位女同学一直觉得自己不够苗条，很苦恼，如果她能认识到，稍微胖一点也没有什么不好，太瘦了反而是不健康的表现，那她就会感觉好多了。

感悟体验

小明在路上碰到好朋友小华，但是小华没有搭理他。小明产生了各种想法，心情也在不断变化，请判断小明在不同想法下的情绪，并填写在表格上。

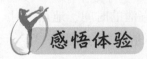

想法	情绪
有什么了不起，我还不理他呢	
他生我气了	
也许他没看到我或急着赶路	

你觉得哪种想法最好呢？为什么？

____

____

练习：在下列情况下，应该如何调整自己的想法？

（1）事情：被老师批评。

原来想法：就会找我的茬，老是跟我过不去。

应该这样想：______________________________

（2）事情：想换新手机，家长不同意。

原来想法：这点要求都不满足我，对我一点都不好。

应该这样想：______________________________

（3）事情：手机丢了。

原来想法：为什么我这么倒霉？

应该这样想：________________

(4) 事情：问同学借东西，同学不肯借。

原来想法：这点小事都不帮忙，等着瞧吧。

应该这样想：________________

实践运用

请每位同学把自己近期一件令人苦恼的事情写下来（不署名），然后根据本节课所学的内容，小组一起讨论建议采取哪些方法调节情绪，并填写在下面的表格中。

问题	建议

专题小结

一般说来，当我们产生特别强烈的情绪，或者产生长期的负面情绪的时候，需要进行有意识的调节和控制，否则会对我们的社会交往和身心健康产生不利的影响。调控情绪的主要方法有：找人倾诉、合理宣泄、转移注意、改变想法。改变想法就是我们通常所说的调整心态，需要我们反复练习，才能达到良好的效果。

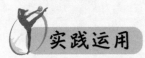

专题6　认识生命，我从哪里来

教学目标

分层能力目标（根据学生的实际能力水平分三个层次：Ⅰ低组；Ⅱ中组；Ⅲ高组）：

（1）能够了解家庭关系，辨别家庭角色（Ⅰ、Ⅱ、Ⅲ层次）。

（2）明白怀孕的过程，了解新生儿从哪里来，知道自己是父母爱的结晶（Ⅰ、Ⅱ、Ⅲ层次）。

（3）初步懂得生命的珍贵，理解生命珍贵背后的感恩、责任和义务（Ⅱ、Ⅲ层次）。

教学准备

收集父母恋爱结婚、妈妈怀孕、家庭等照片，《小威向前冲》等视频资料。

课前智能拓展

"火眼金睛高阶"——观察力训练，可参考第五篇。

学习导入

同学们，你有没有问过这样的问题："我是谁？我从哪里来？"

曾经有人得到如下图所示的答复。

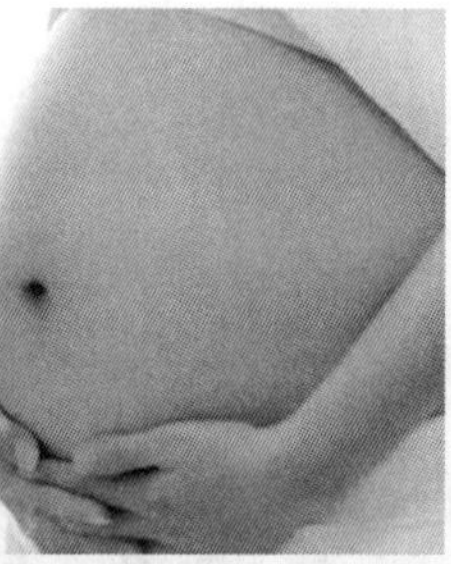

以上的答案都不靠谱，千万别相信！

我们每个人是父母爱的结晶，是他们爱情的最美好见证。父母相爱了，结婚了，才有了我们，他们无比幸福地期待我们的到来。是父母把我们带到这个世界，我们是生命的奇迹。

你可能又会问：“我怎么钻进妈妈肚子里的？我怎么出来的？”别着急，我们先来学习一些新知识。

知识学堂

人的诞生

1. 生命的孕育

父母相亲相爱，他们会有牵手、拥抱、亲吻等行为。当他们发生性行为时，在没有避孕的情况下，爸爸的阴茎会释放出大量的精子，精子通过妈妈的阴道进入子宫。精子们开始一场辛苦的马拉松比赛，如果这时妈妈的输卵管排出一个成熟的卵细胞，就和跑得最快的那些精子中的某个精子结合，形成受精卵。受精卵在妈妈的子宫里安家后，就意味着妈妈怀孕了。刚开始怀孕时，妈妈会出现恶心、呕吐、容易犯困等现象，这是正常的早孕表现。

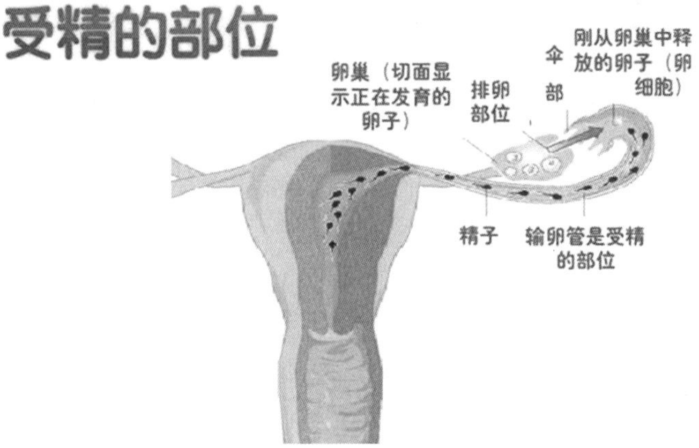

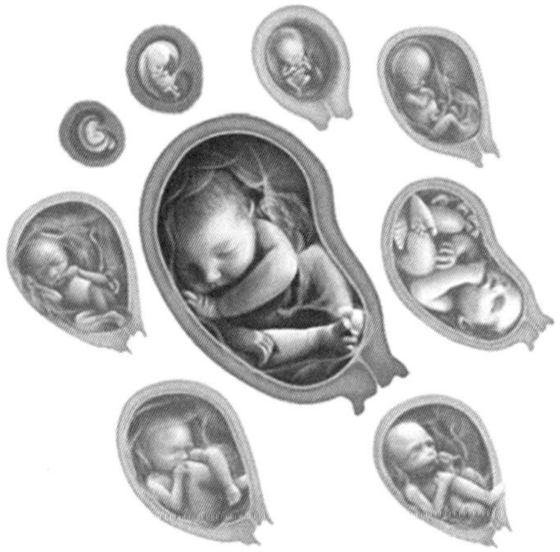

受精卵渐渐长成胎儿，在妈妈的子宫里逐渐长大，通过脐带，从妈妈身体里获得营养，并把废物排出去。随着发育，胎儿能慢慢地感知外面的世界。怀孕后的妈妈，腹部会逐渐隆起，体重增加，身体外形会发生一些变化，有时带来出行、睡眠等的不方便。

怀胎十月

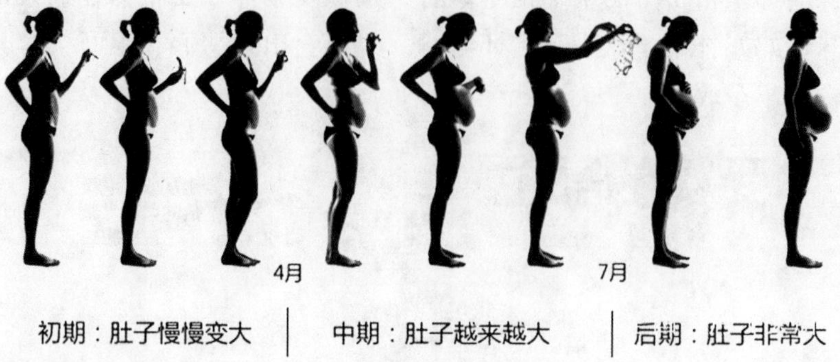

2. 生命的诞生

怀孕期间，妈妈会定期请医生检查身体。十月怀胎，一朝分娩。当胎儿在妈妈的子宫里发育成熟时，就要降生到这个世界。这是对妈妈和胎儿的一个严峻考验。在大多数情况下，胎儿从妈妈的阴道口生出来，这叫自然分娩，也称顺产。自然分娩对妈妈和孩子都有很多好处。但有时，胎儿不能顺利地从妈妈的阴道口生出来时，医生就会在妈妈的肚子上切开一个刀口，把胎儿从妈妈的子宫里取出来，这叫剖宫产，俗称剖腹产。这是不得已的分娩方式。

我们出生了，父母很高兴，并非常疼爱我们！父母给了我们珍贵的生命，我们要感谢他们！

感悟体验

一、播放《小威向前冲》视频，回答问题

(1) 小威和多少个小精子住在一起？它们住在哪里？

____

(2) 小威的专长是什么？

____

(3) 游泳冠军的奖品是什么？

____

4. 最后谁得了冠军？

____

二、请粘贴你的家庭大合照，并在横线上写出你想对爸爸妈妈说的话

家庭大合照

爸爸、妈妈，我想对你们说：

____

____

____

实践运用

一、讲一讲

向你的父母打听一下你出生的故事，并讲给大家听。

____

____

二、猜一猜

老师收集并呈现学生父母的照片，同学辨认是谁的父母。

____

____

三、议一议

我什么时候能成为父母呢？

____

____

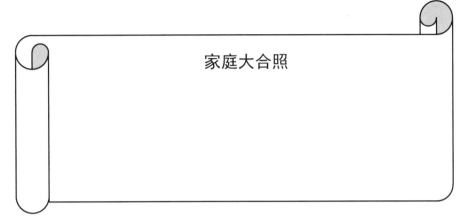

专题小结

生命的诞生是一次神奇的经历，是每个人必经的成长过程。我们将来也会遇到自己心爱的人，与其步入婚姻生活，成为负责任的父母，养育自己的下一代。

家庭作业

（1）妈妈经过十月怀胎生下你，非常不容易。爸爸也为你付出了许多。你是不是十分感激父母呢？回家后，把自己的心里话跟父母说说，并为他们做一件力所能及的事情。

（2）如果以后有人遇到“我是谁？我从哪里来？”的疑惑，你准备怎么告诉对方？

专题 7　珍爱我的生命

教学目标

分层能力目标（根据学生的实际能力水平分三个层次：Ⅰ低组；Ⅱ中组；Ⅲ高组）：

（1）了解生命的不易，树立珍爱生命的意识（Ⅰ、Ⅱ、Ⅲ层次）。

（2）学会感恩生活，知道如何爱惜自己的生命（Ⅱ、Ⅲ层次）。

（3）初步懂得生命的价值，努力提高自己生命的质量（Ⅱ、Ⅲ层次）。

教学准备

一个 10 千克的背包，妈妈产检的 B 超记录，生命之树贴纸，写上不同行为或措施的安全词语卡片，《人的一生》《人体漫游》等视频资料。

课前智能拓展

“听声判断”——感觉认知训练，可参考第五篇。

学习导入

观看视频《70 秒看完人的一生》[①]，你会想到什么？

---

① https://v.qq.com/x/page/t065363tjll.html

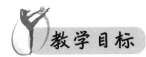

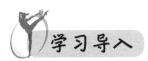

人的一生要经历诞生、发育、成熟、衰老和死亡等五个生命阶段。每个阶段都不一样，都有特殊的意义。诞生意味一个人一生的开始，充满喜悦的活力；发育意味着向成年人过渡，涌动独立的渴望；成熟意味着身体机能强盛，成为家庭的栋梁；衰老意味着身体机能退减，步入苍茫的暮年；死亡意味着一个人一生的结束，是生命的终结。

生命为什么宝贵？因为生命来之不易，脆弱而短暂，每个人只有一次。我们生活在五彩缤纷的世界里，只要我们积极地面对生活，珍爱生命，我们的生命就会因个人的努力而更精彩。

知识学堂

一、生命来之不易

1. 受孕的条件

受孕的条件是：

（1）卵巢排出正常的卵子。月经正常的女性，每个月经周期都有一个健康成熟的卵子排出，这样才有机会怀孕。卵巢功能不全或月经不正常而造成不排卵的女性，就不容易受孕。

（2）精液正常并含有正常的精子。正常成年男子一次射出的精液量为2～6毫升。如果精子达不到上述标准，就不容易使女方受孕。

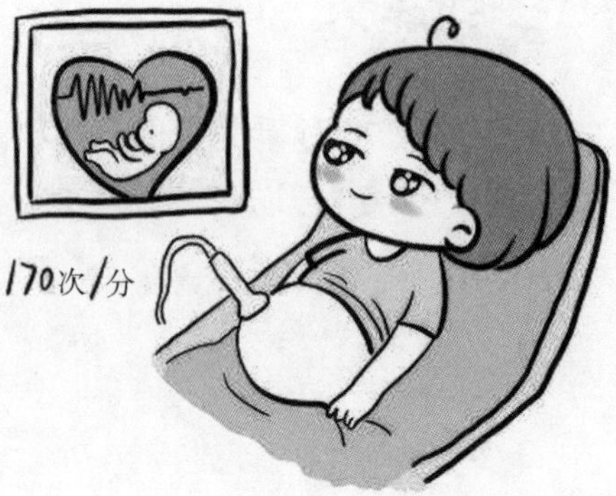

（3）卵子和精子会在输卵管相遇并结合，形成受精卵。若输卵管发生了堵塞，精子与卵子也就失去了结合的机会，失去了自然受孕的机会。

（4）受精卵顺利地被输送进入子宫腔。受精卵一边分裂，一边游向宫腔，大约只有

30%的概率能在宫腔内着床成功。

（5）子宫内膜已充分准备适合于受精卵着床。受精卵发育和子宫内膜生长是同步进行的，如受精卵提前或推迟进入宫腔，这时的子宫内膜就不适合受精卵着床和继续发育，也就不可能怀孕。

这些环节中有任何一个不正常，便能阻碍受孕。

2. 孕期流产的风险

怀孕是一个漫长的过程，孕妇生殖系统病变、胚胎发育异常及孕妇的衣食住行等方面都会造成胎儿夭折流产。

3. 分娩的风险

分娩暗藏着许多不确定的因素，其中可能会出现一些并发症，情况严重的还可能危及妈妈和宝宝的生命。比如，胎儿个头太大容易造成难产。难产就是指在生产的过程中宝宝难以顺利地从产道出来。此外还有其他几种常见的分娩风险，如胎儿在宫内缺氧、胎膜早破（俗称破水）、脐带脱垂和子宫破裂等，都可能导致胎儿死亡，甚至威胁产妇的生命安全。

因此，生命是神奇的，又是脆弱的。生命是有限的，也是无价的，有生命才有生活。我们的生命如此宝贵，是自己生命力顽强，得到父母等其他人精心呵护、细心照顾的结果。生命只有一次，我们没有权利让它轻易消失。

二、珍爱生命，感恩生活

认识到生命的不易，我们就要保护好自己的生命。积极锻炼身体，减少疾病，保持健康强壮的体魄。

知道生命的珍贵，我们就要好好爱护自己的生命，注意安全，不做任何对自己生命有危害的事情，如抽烟、酗酒、吸毒等。

明白生命的意义，我们就要学会尊重生命，心怀感恩，热爱生活，不伤害自己和他人，努力提高自己的生存能力。

知识提醒

珍爱生命的方式

（1）好好学习，回报家庭和社会。

（2）爱护我们的身体，注意饮食、防暑、保暖。

（3）不做伤害身体的事情，如禁止暴力、撞头、打脸、裸露、割脉、自杀行为等。

（4）注意安全，不做危险的事情，如注意交通安全、防火、防水、学习一些自救防护知识、有病及时医治、拒绝毒品等。

（5）保护周围的环境。

感悟体验

背上一个10千克的背包感受妈妈怀孕的辛苦。看着妈妈产检的B超记录，思考以下问题：

（1）如果我们活着，能给哪些人带来快乐和幸福？

（2）哪些人又给我们带来过快乐和幸福呢？

实践运用

把握生活、活出精彩

你想要100元吗？无论钞票湿了、皱了、脏了，人们还是不放弃它，还想拥有它。为什么呢？因为它的本质没有变，它仍然是一张100元的钞票，仍有它本身的价值。

每个生命都有自己的价值，并不因为高矮、美丑、贫富或能力高低等就发生改变。就像刚才这张100元的钞票一样，我们每个人都有属于自己的价值。因此，我们自己要看重自己，有意义地过好每一天。

那么，我们的价值体现在什么地方？

知识提醒

生命的价值

（1）我们对别人的关心爱护。

（2）我们对别人的帮助和支持。

（3）照顾父母，宽慰他们。

（4）努力学习，让自己进步，父母高兴。

（5）做力所能及的事情，回报社会。

……

一个人的生命不只属于自己，还属于关心爱护我们的很多人。只有我们健康快乐地生活，他们才会感到安慰。因此，我们必须具备自救的基本能力，懂得如何去珍爱生命，如何让生命之树越长越绿，越长越壮实。

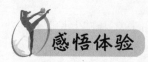

体验活动

建造“生命之树”

把“注意交通安全”“不买街边不卫生食品”等卡片分给学生来做游戏，学生一边贴，一边说出贴的内容。

专题小结

生命是一个过程，会经历风雨，但也能遇见彩虹。愿每个同学都能拥有坚定的生活信念——珍爱生命，活出精彩！让我们珍爱生命，勇敢面对挑战，健康成长，活出生命的光彩。

家庭作业

（1）采访一下父母，让父母分享一下养育自己的过程。

（2）和父母一起观看《寻梦环游记》，分享一下观影感受。

专题8　做一个诚实的人

教学目标

分层能力目标（根据学生的实际能力水平分三个层次：Ⅰ低组；Ⅱ中组；Ⅲ高组）：

（1）了解什么是诚实，知道诚实的重要性（Ⅰ、Ⅱ、Ⅲ层次）。

（2）初步培养诚实的品格，能够真诚待人（Ⅰ、Ⅱ、Ⅲ层次）。

（3）初步懂得如何在生活中做一个诚实的人（Ⅱ、Ⅲ层次）。

教学准备

准备视频《捧着空花盆的孩子》。统计好学生“健康教育”笔记本上的印章数，分好等级，准备三个等级的奖品若干份（如巧克力、饼干等），份数比学生人数多一份。学生每人收集有关诚实的故事（生活实例）。

课前智能拓展

“创新应变”——思维能力训练，可参考第五篇。

学习导入

同学们，现在我们做一个“数印章，换礼物”活动。请大家打开自己的笔记本，数一数从学期初到现在，一共获得多少个印章。获得1～10个印章为三等奖，获得11～20个印章为二等奖，获得20个印章以上为一等奖，大家可以自己到前面的桌上去兑换相应礼品（礼品的等级、数量老师提前准备好，注意观察学生的兑换过程①）。

---

① 如发现有学生没有按照数量、等级兑换，可以课后再了解，跟进教育指导。

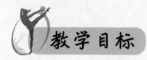

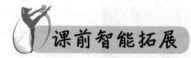

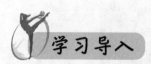

刚才这个活动，老师做了一次诚实实验。虽然我没有问每个人获得多少枚印章，几等奖，但老师在课前已经让助教老师帮我统计过。刚才我发现大家都很棒，都能自觉按照自己的印章数量兑换相应的礼品，说明大家都是诚实的。请给自己一个掌声！

知识学堂

一、什么是诚实

诚实是指忠诚老实，言行一致，表里如一。

诚实在日常生活中的具体表现就是：不说谎，不造假，不欺骗别人，说的跟做的保持一致。

诚实是我们做人的基本原则，是美好道德的核心，是各种良好品格的基础，诚实，也是中华民族的传统美德。

二、诚实故事会

小时候，几乎每个孩子都听过一个关于“不说谎”的故事：《狼来了》，谁可以现在给我们讲一讲这个故事？

接下来，老师也给大家分享两个关于诚实的故事。

故事一：播放视频《手捧空花盆的孩子》。[①]

故事二：《跑步的士兵》。

诚实故事

跑步的士兵

有一个士兵，非常不善于长跑，在一次部队的越野赛中很快就远落人后。正当一个人孤零零地跑着，突然遇到了一个岔路口，一条路标明是军官跑的，另一条路标明是士兵跑的。他停顿了一下，虽然对做军官连越野赛都有便宜可占感到不满，但是仍然朝着标明是士兵跑的小径跑去。没想到过了半个小时后就到达终点，而且名列第一。他感到不可思议，因为自己从来没有取得过跑步的名次，更别说是第一。但是，主持赛跑的军官还是笑着恭喜他取得比赛的胜利。

几个小时后，其他人到了，他们跑得筋疲力尽，看见士兵赢得胜利，也觉得奇怪。但是突然大家醒悟过来，在岔路口，诚实守信，是多么重要。

---

① https：//www. ixigua. com/a6453988972547801614/？utm_ medium=feed_ steam&utm_ source=toutiao

同学们，还有谁可以给我们分享关于诚实的故事呢？

感悟体验

诚实做人的意义

听了这些关于诚实的故事，同学们心里对诚实有什么感受和受到什么启发呢？

诚实的雄日虽然拿着空花盆，没有种出美丽花朵，却赢得国王的喜爱，成为继承人。不善跑步的士兵，因为诚实选择跑士兵小径，最终赢得了越野赛。

显然，做一个诚实的人，可以帮助我们赢得别人的信赖，甚至获得事业的成功。诚实，也有助于建立良好的人际关系，使我们的人格更加完善。

相反，一个人如果不诚实，往往会招来别人的不信任、厌恶，最终可能导致身败名裂，毁掉一生。

有个留学生，他在国外潜心学习，终于取得博士学位。他想，凭着自己的专业水平，在当地找份工作应该不难吧。于是，他去了一家有名的大企业应聘，一切非常顺利，公司让他回家安心等录用函。不久，他收到一份信，信里写着："你非常优秀，聪明而有较高的专业水平，但很遗憾我们不能录用你，因为你曾经有几次乘公交车逃票的记录。"他想大公司不行，又找了一些中、小公司面试，结果都是收到相同的回应。

不诚实的行为，使这个留学生即使拥有高学历，也无法找到愿意聘用他的企业。可见，诚信对一个人来说，是多么重要！

当前，我国把"诚信"作为社会主义核心价值观之一，要求全体公民都要在日常生活中自觉做到诚实。

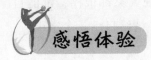

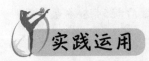

写一写：在生活中做一个诚实的人，有什么作用和意义？

____

____

实践运用

如何做一个诚实的人

1. 头脑风暴

每个人思考回答在生活中如何做一个诚实的人，能说出一条做法给一枚印章奖励，例如：

（1）讲真话，不说谎，不骗人。

（2）不偷窃，不占有不属于自己的东西。

（3）答应别人的事就要尽力做到。

（4）说的和做的要保持一致。

（5）真诚对待别人。

……

我的想法：在生活中做一个诚实的人，就是要做到________________________

____

2. 案例辨析

根据下面的案例，分辨小明的做法对不对。如果你是小明，应该怎么做？

案例辨析

小明的做法对不对

小明知道班上的亮亮有一个很好玩的游戏机，是在学校旁边的玩具店用 80 元买的。他也很想拥有这样的游戏机，但是他知道爸妈不会答应给他买的。于是，有一天，他乘家人不注意，从平时妈妈放买菜钱的柜筒里，拿了 100 元，准备去买游戏机。妈妈发现钱少了，就问他有没有拿柜筒里的钱。小明说没有，不知道钱放那儿。

你觉得小明的做法对不对？为什么？如果你是小明，应该怎么做呢？

____

____

专题小结

通过本专题的学习，希望同学们能够在生活中讲真话，不说谎，不造假，做到真诚待人，言行一致，做一个诚实的人。

专题9　养成良好生活习惯

教学目标

分层能力目标（根据学生的实际能力水平分三个层次：Ⅰ低组；Ⅱ中组；Ⅲ高组）：

（1）了解什么是习惯，知道习惯有好坏之分（Ⅰ、Ⅱ、Ⅲ层次）。

（2）明白习惯对生活的意义，树立养成生活好习惯的信心（Ⅰ、Ⅱ、Ⅲ层次）。

（3）初步懂得结合自己的实际养成2～3个良好的生活习惯（Ⅱ、Ⅲ层次）。

教学准备

收集学生家长希望自己孩子养成的2～3个良好生活习惯的视频资料，学生和家长合照、制作好习惯卡片。

课前智能拓展

“火眼金睛”——观察力训练，可参考第五篇。

学习导入

同学们，请看下面图片上的这个人，大家知道他是谁吗？

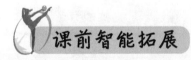

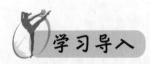

他就是世界上第一个登上太空的人——苏联的宇航员加加林。

加加林为什么有机会成为第一个登上太空的地球人？原来，在确定人选的前一个星期，当时有三个宇航员进入“东风一号”飞船。主设计师科罗廖夫发现，在进入飞船前，只有加加林一人脱下鞋子，只穿袜子进入座舱。这一举动使加加林一下子赢得了科罗廖夫的好感。他感到这位青年能够这样做，一定会珍爱他为之倾注心血的飞船，因此特别推荐了加加林。加加林就是凭借这个细节，成功地脱颖而出。事实上，加加林平时在家就有这样的习惯，他每次进房间，都会先脱掉鞋子。因此，我们也可以说加加林就是因为有一个良好的习惯，才成为第一个登上太空的人，成就了自己辉煌的人生。

这样看来，习惯，可以改变一个人的命运，乃至他的一生。

知识学堂

什么是习惯

1. 习惯的定义

习惯是逐渐养成而不容易改变的行为倾向。简单地说，习惯就是我们日常生活中那些经常、重复的行为方式，比如每天早上经常六点起床，晚上十点上床睡觉，这是一些人的作息习惯；南方人正餐通常是要吃米饭，北方人每餐通常是吃面食，这是饮食习惯。习惯涉及人们日常行为的方方面面。

2. 习惯有好有坏

对我们学习工作、健康生活等方面有利、有帮助的习惯称为好习惯，如早晚刷牙就是一个好习惯，这样做能保护我们的牙齿；对我们工作学习、身心健康不利、有损害的习惯称为坏习惯，如吸烟酗酒就是坏习惯，这样做会影响我们的身体健康和生命安全。

试一试

举例：好习惯和坏习惯

好习惯：________________

坏习惯：________________

感悟体验

一、习惯的意义

习惯对我们的生活和人生有什么意义和影响呢？好习惯通常有益于我们的身心健康发展，坏习惯往往影响我们的前途和未来成败。打个比喻，习惯相当于是一个人的资本，一个人有了好习惯，一辈子就有用不完的利息；一个人有了坏习惯，一辈子就有偿还不了的债务。你是希望自己这一生有用不完的钱，还是愿意这辈子有还不完的债务呢？显然，每个人都喜欢选择前者。换句话说，我们都想拥有好的习惯。因此，从今天开始，让我们逐步养成好习惯。对于身上的坏习惯，我们要努力克服，把它们改正过来。

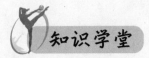

二、习惯的形成

习惯是如何形成的？心理学的研究发现：一个行为、想法如果连续重复 21 天

(次)，就可以形成习惯，即“21 天效应”。当然，重复 21 天（次）之后，还要继续坚持这个行为，才能让我们的习惯得到巩固。

如果我们想养成一个好习惯，大家可以坚持每天重复这个行为，比如每天固定时间帮家里倒垃圾，连续坚持 21 天（次），我们就可以养成定时倒垃圾的好习惯。

体验活动

“老鼠”的游戏

大家一起大声喊“老鼠、老鼠、老鼠”，连续重复 21 次之后，老师马上接着问：“猫怕什么？”大家紧接着大声回答。那么，回答是什么？

这个游戏能够帮助我们体验习惯的形成和影响力。

实践运用

我要养成好习惯

1. 铭记自己要养成的生活好习惯

在日常生活里，父母最了解我们每个人的实际情况，他们知道什么好习惯对我们当前的学习生活最有利。因此，课前老师采访了大家的父母，让他们给你们提出希望养成的 2～3 个好习惯，并录成视频和音频。下面，我们一起来了解每个人要养成的好习惯，并把父母希望我养成的好习惯，写在下面卡片中。

我要养成的生活好习惯

（1）______________________

____

（2）______________________

____

（3）______________________

____

亲子合照

签名：______________

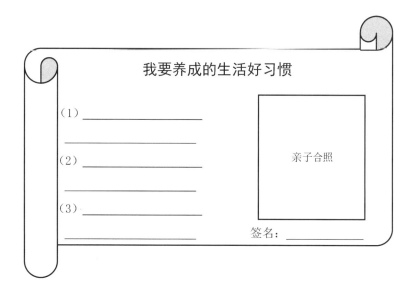

2. 实践作业

把“我要养成的生活好习惯”卡，贴在家里显眼位置，每天坚持实践，家长配合监督。

专题小结

我们把家长们希望同学养成的生活好习惯，编成一首《良好生活习惯歌》，大家一起朗读，加深印象。

良好生活习惯歌

仪表整洁讲卫生，友善待人有礼貌。
完成作业要自觉，自己的事自己干。
个人物品整理好，不乱摆来不乱放。
作息规律勤锻炼，孝敬父母多帮忙。
任性依赖要改正，养成生活好习惯。

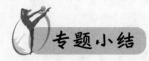

专题 10　校园欺凌防范

教学目标

分层能力目标（根据学生的实际能力水平分三个层次：Ⅰ低组；Ⅱ中组；Ⅲ高组）：

（1）了解什么是校园欺凌，能够识别不同形式的校园欺凌（Ⅰ、Ⅱ、Ⅲ层次）。

（2）树立自我保护的意识（Ⅱ、Ⅲ层次）。

（3）初步掌握应对校园欺凌的方法和技能（Ⅱ、Ⅲ层次）。

教学准备

校园欺凌的常见案例。

课前智能拓展

“你说我猜”——表达与理解能力训练，可参考第五篇。

学习导入

同学们，在校园内外，你是否曾遇到过有人问你索要保护费，同学给你起花名，放学路上无缘无故被高年级的同学打了一顿等情况？他们的这些行为属于什么性质的行为？当你遇到这种情况时，你都是怎么处理的呢？

今天，让我们一起通过学习来了解这些内容。

知识学堂

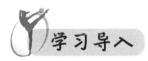

什么是校园欺凌

（1）在校园内外，有人一次或多次故意通过肢体、语言或者网络等途径欺负、侮辱你，导致你受到身体上的伤害、财产上的损失或者是精神上的损害，这种行为就是校园欺凌。校园欺凌通常会发生在上学或者放学的途中，有时候也发生在校园里面。一般情况下多为身体强壮的同学欺负弱小的同学，令其感到身体或心理上的痛苦。有时候是一个人欺负一个人，有时候是几个人欺负一个人。无论是男生还是女生，都有可能是校园欺凌的实施者。

（2）校园欺凌的主要形式有肢体欺凌、言语欺凌、社交欺凌和网络欺凌等。

肢体欺凌指施凌者采用拳打脚踢、扇耳光、扯头发、推撞等方式对受害者进行身体伤害，或者抢夺、毁坏受害者的书本、衣物等行为，是比较容易被察觉到的欺凌方式。

言语欺凌是指施凌者当众嘲笑、辱骂、讥讽、贬低受害者、给受害者取侮辱性绰号等，或是通过恐吓、威胁等手段，逼迫受害者做其不愿意做的事情的行为。这是比较不容易被察觉的欺凌形式。

社交欺凌即孤立、杯葛、排挤受害者，令其身边没有朋友，常感孤独的行为。这一类受害者通常性格比较内向、不善与人交往，因此也不容易被发现。

网络欺凌是指施凌者利用网络散播谣言，对受害者进行人身攻击，暴露受害者隐私或者对其影像进行恶搞，从而使其形象受损，精神受伤的行为。如今，随着网络的普及使用，这一类行为越来越多发，行为的后果往往被施凌者忽略。

（3）校园欺凌行为侵犯了受害者的人身、财产权利，不仅会受到学校纪律的处分，严重者还可能演变为违法犯罪的行为，将会受到法律的严厉制裁。

感悟体验

校园欺凌的防范

校园欺凌，不仅仅会使受害者身体受创，而且还会带来更为严重的心理和精神层面的伤害，甚至给受害者未来的人生带来难以磨灭的不良影响。

体验活动

假如我是当事人

情境：

放学路上，几名身材高大的男同学拦住了你，问你索要零花钱。摸着口袋里面仅有的20元，你拒绝了他们的要求。带头的男孩朝你靠近，后面的几个人也围了过来，他们开始对你拳打脚踢，你尝试反抗，可是人单力薄，你根本就不是他们的对手。

请你思考：

（1）如果你是当事人，在这样的情境下，你会有什么样的感受和想法？

（2）如果你是当事人，遇到这种情况时，你会怎么办？

面对校园欺凌，我们要防患于未然，避免受到不必要的伤害。那么，当遭遇校园欺凌时，我们应该怎么办呢？

1. 保持镇定，不要害怕

施凌者在对你进行初次施凌时，往往带有试探性。这个时候，我们要做的首先是不要慌，不要因为害怕而轻易低头。保持镇定，大声提醒对方他们的行为是违纪违法的行为，将会受到法律严厉的制裁，他们也会为此付出惨痛的代价。通常情况下，当你这么说之后，你身上会产生一种无形的威慑力量，这令对方不敢贸然攻击。

2. 加强身体锻炼，学会自我保护

校园欺凌的对象往往是一些身体比较弱小或性格比较内向、懦弱的同学。因此，平时我们要加强身体锻炼，学会一些必要的自我保护的方法，遇到突发情况时能够勇敢反抗，进行必要的自我保护。在双方力量悬殊的情况下，可以及时逃离现场或者大声呼救，寻求路人的帮助。

3. 及时告知老师、家长，寻求必要的保护

当遭遇校园欺凌时，我们要设法在第一时间向老师、家长或有关部门报告情况，寻求大人的帮助和保护，通过他们及时制止此类行为的发生，避免再一次受到伤害。

4. 团结同学，积极拓展朋友圈

人际关系不好的同学，往往容易被校园施凌者盯上。在平时，我们要加强与同学的人际交往，有自己相对稳定的朋友圈，上学、放学结伴而行，尽可能避免落单，成为校园施凌者施暴的对象。

实践运用

练习不同校园欺凌情景的应对

每个同学根据图片描绘的情景，结合前面所学的知识，将不同欺凌情境下的应对方法填写到横线上。

情景1：当有同学拍我丑照并打算发布到网络上时，我会__________
____
____
____
____
____

情景2：当有同学给我起花名并肆无忌惮地嘲笑我时，我会__________
____
____
____
____
____

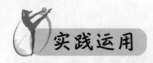

情景3：校园外，当几个同学合伙故意打我并毁坏我的物品时，我会____

情景2：校园里，当有同学联合起来孤立我时，我____

专题小结

同学们，校园欺凌是一种具有严重危害的暴力行为，我们既不应该成为施凌者，也不要成为旁观者，更不希望成为受害者。当你遇到此类事件时，希望你能学会自我保护，并采用恰当的方式去处理和应对它。

结合这节课的学习内容，我们将防欺凌的方法总结如下，请同学们一起来读一读，加深印象。

四十字防欺凌法

上学放学，不要落单。

冷静勇敢，巧妙周旋。

舍弃钱财，脱离危险。

心明眼亮，记牢特点。

告知师长，及时报案。

第三篇
社会适应

同学们，我们来到这个世界最开始认识的是父母和家人，随着年龄的增长，我们认识和交往的人越来越多，有一起玩耍的小伙伴，有周围的叔叔阿姨、爷爷奶奶，有各种亲戚朋友。上学后我们认识了很多的同学和老师，今后如果我们离开学校走向社会，还将认识更多的人，和更多的人进行交往。一个人要想正常的生活、学习和工作，就要学会和人交往，学会与人沟通交流，否则就不能适应这个社会。

在本篇的学习中，我们要学习与人交往的各种方法和技巧。比如与人交往要注意哪些文明礼仪；与人初次见面如何自我介绍，怎样与人建立关系，拉近距离，给他人留下良好的第一印象；如何自信地与人沟通，大胆表达自己的想法、感受和诉求；如何得体地向他人提出请求，以及拒绝别人不合理的要求；在就业面试当中要准备什么，注意哪些问题等。相信通过本篇学习，同学们能够更加自如、自信与人交往，更好地适应这个社会，让生活变得更加美好。

专题1　相互认识

教学目标

分层能力目标（根据学生的实际能力水平分三个层次：Ⅰ低组；Ⅱ中组；Ⅲ高组）：

（1）学会简单介绍自己的基本信息（Ⅰ、Ⅱ、Ⅲ层次）。

（2）能够记住班上每个同学的名字和特点，并能认出来（Ⅱ、Ⅲ层次）。

（3）初步学会主动认识他人，建立人际关系（Ⅱ、Ⅲ层次）。

教学准备

每人一张“寻人启事”模板纸、一盒彩笔。

本课建议放在职一级开学的第一次健康教育课使用。

课前智能拓展

“目光追视练习”——注意力训练，可参考第五篇。

学习导入

同学们，我们刚刚来到这个新学校，成为同一班集体的一员。今天这节课，我们会通过各种游戏活动，帮助大家相互认识，彼此了解，使我们尽快熟悉班上每个人。大家，期待吗？

首先，老师做个自我介绍（包括名字、教学科目、办公地点、喜好、性格，年龄可以让大家猜猜等），让同学们认识我。

知识学堂

“相互认识”从名字开始

生活中我们要认识一个人，一般从名字开始，知道对方的名字，才能去称呼他（她），后面的交流也会变得亲切、自然。知道一个人的名字有三种途径：他（她）自己介绍，主动问他（她），或通过别人称呼、介绍他（她）。对于长辈或有一定职务的人，如果能知道他的辈分、职务，这样称呼他（她）就更合适了。

每个人的名字，也许背后都有一段故事。比如，父母为什么给我们取这个名字？名字怎么写？字面上是什么意思？父母有什么寓意和希望？假如你了解自己名字背后的故事，介绍自己的时候也可以说一说，这会让大家对你的名字记得更深刻。

热身活动

自我介绍

每个人轮流上台介绍自己（包括名字、名字的故事、喜好、性格等）。对性格的描述可提供一些参考词语，如活泼、开朗、爱说话、幽默、安静、话少、细心、胆小、直率、乐观、认真、孝顺、温顺、急躁等。

对于不知道自己的名字有什么特别故事的人，老师可以引导大家去猜猜，发表每个人的看法，目的是加深对这个名字的认识和记忆。

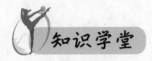

感悟体验

“寻人启事”认出对方

在刚才的“自我介绍”活动中，同学们基本了解了班上每个人的名字、喜好和性格等信息。接下来，我们将通过一个“寻人启事”的游戏，帮助大家认得对方，熟悉彼此。“寻人启事”游戏的规则如下：

（1）教师派发模板，每人制作一张“寻人启事”。根据自己的实际情况在模板纸（如下图所示）上填上相应信息，用彩笔画自己的自画像，尽量突出自己的特点，如长头发、身材高大等。

寻 人 启 事

性别：

年龄：

身材（高）：

爱好：

性格（特点）：

自画像

“寻人启事”模板

（2）每人把制作好的“寻人启事”揉成一团，丢在袋子里混合。从中随机抽出一个纸团。

（3）打开纸团，根据寻人启事上面的信息，尽快找到这个人，确认后请他（她）在上面签上自己的名字。如发现寻人启事是本人，可交给老师跟其他人交换。

最快找到“寻人启事”主人的前三名同学每人可以得到两枚印章奖励，其他人得一枚印章奖励。

分享：你是怎样认出这个人呢？

实践运用

谈话交流，建立关系

如果想对认识的人有进一步的了解，可以和对方做一些谈话交流，前提是对方也愿意跟你聊。其次，聊的话题应该是双方都比较感兴趣的。通常，共同的活动经历、兴趣爱好、美食、音乐、时事新闻、明星等话题都是比较能引起大家的兴趣和共鸣，谈论这些话题容易帮助彼此建立起亲切的关系。

（1）找到刚才在“寻人启事”中被你找到的同学，聊聊下列话题：

①叫什么名字？是哪几个字？这个名字有什么特别含义？

②喜欢刚才的“寻人启事”游戏吗？你找到的是谁？

③平时都有什么兴趣、爱好？最喜欢吃哪一种水果（或食物）？

（2）请用刚才交谈的内容介绍向大家接介绍这位同学，介绍时站在他（她）旁边。

体验活动

谈话交流清单

（1）我交谈的人是________，这个名字的含义是________________。

（2）他（她）________（喜欢/不喜欢）“寻人启事”游戏，他找到_____。

（3）他（她）的兴趣爱好是________________________。他（她）最喜欢吃的水果（或食物）是________________________。

专题小结

在人际交往中，相互认识是交往的第一步。在以后的生活中，我们可以用自我介绍、主动询问、谈话交流等方式去认识更多的人，结交更多的朋友。

今天，我们通过一些游戏和活动，让同学们相互认识，对彼此有了进一步的了解。大家以后还要相处很长时间，有很多活动和机会可以让我们彼此更加熟悉和了解，发展出深厚的友谊。

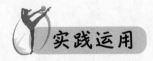

家庭作业

（1）“我名字背后的故事”：采访父母，问他们一些关于自己名字的问题，如怎么给自己起名字的？有什么寓意和期待等。下节课分享。

（2）完成今天课堂的谈话交流清单。

专题2　与人交往

教学目标

分层能力目标（根据学生的实际能力水平分三个层次：Ⅰ低组；Ⅱ中组；Ⅲ高组）：

（1）知道与人交往的主要方式（Ⅰ、Ⅱ、Ⅲ层次）。

（2）初步懂得人际交往的黄金定律（Ⅱ、Ⅲ层次）。

（3）初步掌握人际交往中赢得好感的方法（Ⅱ、Ⅲ层次）。

教学准备

收集人际交往的图片，制作PPT课件。

课前智能拓展

“大家来找茬”——观察力训练，可参考第五篇。

学习导入

生活中，有的人朋友很多，经常收到朋友的邀请，课余生活有各种丰富的活动和节目；有的人，朋友很少，甚至几乎没有什么朋友，节假日经常只能自己一个人待在家里。同学们，你希望自己成为前者还是后者呢？

如果你想交到朋友，就要懂得如何与人交往，掌握一定的社交技能，具备一定的社交能力。今天，我们一起来学习如何“与人交往”。

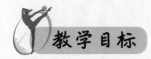

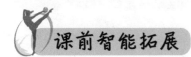

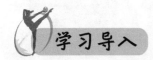

知识学堂

与人交往的主要方式

与人交往是人的一种基本的社会需求，良好的人际关系不仅有利于个体心理的健康发展，还能促进事业的成功。现代社会，随着社交工具的不断发展，人们交往的方式途径比以前丰富多了。今天，我们与人交往主要有以下方式：

（1）直接说话交流，如面对面聊天、谈话讨论等。

（2）借助社交工具，如微信、QQ、邮件、短信等。

（3）通过行为互动，如结伴游玩，一起游戏、运动等。

（4）表现良好品格，如关心、帮助、支持别人等。

（5）用非语言表达，如通过表情、手势、送礼物等方式表达。

在这些与人交往的方式中，说话交流、社交工具和行为互动是当前社会与人交往的主要方式。这里需要提醒同学注意：通过QQ、微信等网络工具与人交往虽然是当前使用较为频繁的交往方式，但对于陌生网友的言语、见面要求等要谨慎对待，不可盲目相信。

感悟体验

人际交往的黄金定律

人与人的交往，实质上是一个心与心交流的过程。在人际交往中，许多人常常有这样的困惑：到底我该怎样对别人，别人才会满意呢？下面这个小故事，可以给大家一些启发。

故事启迪

大山的回音

有一个孩子跑到山上，无意间对着山谷喊了一声“喂！”声音刚落，从四面八方传来了阵阵“喂！”的回声。大山答应了，孩子很惊讶，又喊了一声：“你是谁？”大山也回音：“你是谁？”孩子喊：“为什么不告诉我？”大山也说：“为什么不告诉我？”孩子忍不住生气了，喊道：“我讨厌你！”他这一喊，传来的声音都是“我讨厌你，我讨厌你……”孩子哭着跑回家，告诉了妈妈，妈妈鼓励他再回去对大山喊一次“我爱你”，看结果如何。孩子又跑到山上，果然，这次孩子被包围在“我爱你……”的回声中。孩子笑了，群山也笑了。

这个故事表面看上去，是一个声音传播回响的物理现象，但它也从另一个角度告诉我们：在人际交往中，我们是别人最好的一面镜子。我们怎么对别人，别人也会怎样对我们。想让别人对我们好，我们要先去对别人好。“你希望别人怎么对你，你就先怎么对别人”，这就是人际交往的黄金定律。称之为“黄金定律”，是因为它几乎适合所有的人，想一想，别人先用你喜欢的方式对你，你能不满意吗？

因此，在与人交往的过程中，我们要既清楚自己喜欢什么，不喜欢什么，也要能够了解对方的喜好和禁忌，这样就更容易让彼此建立起融洽的关系。

说一说，写一写：在与人交往中，你最希望别人怎样对待你？

我最喜欢别人对我说的话：________________________________

____

我最喜欢别人对我做的事：________________________________

____

我最讨厌别人对我说的话：________________________________

____

我最讨厌别人对我做的事：________________________________

____

实践运用

人际交往中赢得好感的方法

在与人交往的过程中，如果能够给彼此好的印象，双方就容易保持继续交往，友情不断加深，最终成为要好的朋友。那么，在日常的人际交往中，我们怎样的表现能够赢得别人的好感，给人留下好印象呢？大家可以试试下列的方法：

（1）热情、主动打招呼。

（2）微笑对人。

（3）整洁的着装和仪容。

（4）主动关心、帮助别人。

（5）对人诚实、友善。

（6）多赞赏别人。

技能练习

赞赏我的同桌同学

请你仔细想一想你的同桌身上有什么优点，或者他（她）最近有什么特别棒的表现，然后自然、真诚地对他（她）说一句赞赏的话。

例：我欣赏你的大方，你总是愿意借东西给我；昨天你在美术课上画的那幅画很好看，我很佩服。

____

____

专题小结

人际交往能力是现代人的一种基本素养，希望通过本专题的学习，同学们在以后的生活中更加懂得如何与人交往。人际交往的黄金定律告诉我们：用你希望别人对你的方式去对待别人，避免对别人说和做他（她）最不喜欢的事情，你一定会成为一个受人喜爱、朋友多的人。

专题3　自信沟通

教学目标

分层能力目标（根据学生的实际能力水平分三个层次：Ⅰ低组；Ⅱ中组；Ⅲ高组）：

（1）掌握自信沟通的具体要求（Ⅰ、Ⅱ、Ⅲ层次）。

（2）能够在沟通往场景中体现出自信（Ⅱ、Ⅲ层次）。

（3）培养与人沟通的良好习惯（Ⅱ、Ⅲ层次）。

教学准备

准备一些学生喜欢的小礼物（牛奶、果汁、巧克力等），保证每位同学都有一份。

课前智能拓展

“快乐速递”——精细动作训练，可参考第五篇。

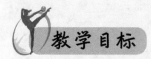

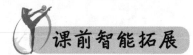

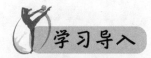

学习导入

情景案例

小军和父母到某餐厅吃饭，味道不错，大家胃口很好。到后来米饭不够了，需要再加。由于小军平时胆子小，与人交往不够自信，因此小军的爸爸想趁这个机会锻炼一下小军，要小军向服务员提出来。小军刚开始不好意思开口，后来在父母的鼓励下终于向身旁的服务员开口说话：“你好！请给我们加2个米饭。”但是当时餐厅比较嘈杂，服务员没有听到小军的话。小军觉得非常尴尬，不知道怎么办才好。于是爸爸鼓励小军要大一点声，小军把声音逐渐放大，终于服务员有反应了，回过来头来张望。看到服务员回过头，小军突然又紧张起来，把头低下来不敢看服务员。服务员回头一看，也不知道谁在招呼他，他试探性问了问小军的爸爸：“请问有什么需要吗?”

思考与讨论：

你觉得小军和服务员的沟通存在什么问题？你能给小军什么建议吗？

知识学堂

一、什么是自信

自信是对个体自己价值和能力的积极评价，是一种积极的生活态度，也是心理健康的重要标志之一。一个人要想取得成功，必须要有自信；要想快乐幸福地生活，也离不开自信。

自信并不是盲目自大，真正自信的人对自己的不足有清醒的认识，并且努力锻炼自己，愿意接受挑战；自信的人会虚心接受批评，做错事情敢于承担，不会想着推脱责任；自信的人也不嫉妒比自己好的人，能用正常心态欣赏能力比自己强的人。

二、自信沟通的表现

（1）大胆表达自己的看法和诉求。

（2）勇于承认自己的错误与不足。

（3）拒绝别人不合理的要求。

三、自信沟通的注意事项

（1）动作大方，不扭捏，不做作，昂首挺胸。

（2）声音洪亮，吐字清晰。

（3）口语流利，表情自然。

（4）眼神与对方正面接触，不躲避，不频繁眨眼。

感悟体验

自信沟通的方式是直接提要求，但不能说谎，找借口，也不能用侮辱性的词语称呼对方，不能威胁或强迫别人做任何事情。当你采用自信的沟通方式，虽然不能保证每一次都成功，但大多数情况下你能得到想要的东西。此外，自信的沟通方式不会有意伤害别人，也为你保持了自尊。

今天，为了帮助同学们练习自信沟通，老师特地带了很多礼物，如果每个人都能用自信的沟通方式向老师要礼物，那么每个人都可以得到一份礼物，甚至更多的礼物。

一、游戏活动：我想要……

（1）全班同学围坐一圈，主持人向全体同学出示事先准备的礼物，适当描述并诱导，对他们说："你们谁希望得到礼物？请举手示意。"

（2）主持人："今天的礼物只给那些能自信沟通的同学，请需要礼物的同学站到教室中央，用刚才学到的自信沟通的知识向老师表达自己的愿望，并且要说一说自己得到礼物的理由，比如每天按时上学不迟到、上课认真听讲、经常帮家长做家务等，但不能重复前面同学的理由。"

（3）主持人："我们再来回顾一下自信沟通的要求。"

（4）希望得到礼物的同学依次当面向主持人表达自己想得到礼物的意愿，主持人给予适当的引导和指正。

（5）主持人鼓励那些不主动要求礼物的同学，希望他们都上来表达自己的愿望。

（6）分享：请同学谈谈本次活动的感受和收获。

（7）总结：主持人总结本次活动，特别重点表扬有进步的同学。

二、自信沟通练习

（1）一个朋友不停地怂恿你跟他一起抽烟，你一点都不想这样做。你会怎么说？

（2）在一次集体活动中，有一个你并不感兴趣的人走过来想加你的微信，你会怎么回应？

（3）跟你约会的朋友迟到了半个多小时，而且没有任何解释，你会怎么说？

（4）你吃完晚饭刚要出门，爸爸却叫你去洗碗。你马上就要迟到了，而且如果先洗碗，你就会错过想要看的那场电影，你会怎么说？

注意：如果学生不能采用自信的沟通方式回答，可以引导大家一起探讨诸如害羞、强迫或不诚恳的沟通方式会带来什么后果。

实践运用

请按照自信沟通的要求完成以下项目，家长做引导和督促：

（1）每天和小区保安打招呼。

（2）向小区保安或者小区居民询问时间。

（3）和附件便利店的店员聊天，了解他们的生意情况，哪种商品最畅销等。

（4）到公园里和休闲的老人家聊天，了解他们退休后的生活安排。

专题小结

在与他人的沟通中，我们要做到自信大方，克服害羞和畏缩心理。自信沟通主要体现在以下几个方面：大胆表达自己的看法和诉求、勇于承认自己的错误与不足、拒绝别人不合理的要求。在表达的时候要注意姿势端正、表情自然、声音洪亮、吐字清晰，特别是要注意和对方保持恰当的眼神接触。自信沟通需要我们在日常生活不断的练习和运用。

专题4　如何向他人提出请求

教学目标

分层能力目标（根据学生的实际能力水平分三个层次：Ⅰ低组；Ⅱ中组；Ⅲ高组）：

（1）掌握向人提要求的注意事项（Ⅰ、Ⅱ、Ⅲ层次）。

（2）培养礼貌意识（Ⅱ、Ⅲ层次）。

（3）培养自信沟通能力（Ⅱ、Ⅲ层次）。

课前智能拓展

“尝食猜物”——感觉认知训练，可参考第五篇。

学习导入

我们在与他人交往的过程中，免不了要请求他人帮助。例如，我们向他人借东西，找不到地方的时候找人问路，询问他人时间，等等。那么，我们在向他人提请求的时候，要注意什么问题呢？请看下面的例子。

情景案例

某学校学生平时穿着礼仪服，上体育课前要更换运动服。为了给启能班的女同学一个安全更换衣服的空间，班主任安排她们到附件的教师办公室换衣服。同学们来到教师办公室门口，看到张教师在里面办公。张老师显然也没注意到他们，大家都不知道怎么说才好。这时王同学说话了：“出来呀！”张老师抬头一看，知道她们是要换运动服，就走出办公室，让同学们进到办公室换衣服。

思考与讨论：

（1）你觉得王同学的表达是否恰当？为什么？

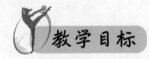

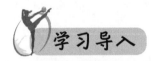

（2）你觉得应该怎么表达？请填写在下面的横线上。

知识学堂

向人提请求注意事项

1. 所提的要求恰当合理

在向他人提要求之前，我们要先想想自己的要求是否恰当合理，他们有没有可能会答应。一般说来，只有在我们判断要求是合理的，他人也有可能答应的情况下，才向别人提出请求。比如向一个不太熟悉的同学借100元，自己能做的事情叫他人去做等，都是不太恰当的。

2. 要注意场合

请求别人帮助，如果不是紧急的事，最好是在别人愉快或空闲时间，当别人情绪不佳或事务繁忙的时候，最好不要打扰别人，因为此时的请求效果可能大打折扣。

3. 表达方式要得体

一个完整的请求应该包含以下几个部分：称呼、请求类容、理由。例如，“张三，你能借支笔给我用一下吗？我的笔没墨水了。”或者“张三，我的笔没墨水了，你能借支笔给我用一下吗？”在表达的时候还要注意以下四点：

（1）目光注视对方。

（2）使用诚恳、礼貌、商量的语气。

（3）必要时说明理由。

（4）如果借东西，要说明什么时候还。

4. 恰当回应

（1）不管对方有没有答应我们的请求，都要给与礼貌的回应。

（2）如果对方答应了，要真诚地表示感谢，例如“谢谢你！”“你真是太好了！”

（3）如果对方没有答应，不一定是他们不愿意帮助我们，可能有我们所不知道的各种原因，对此要有心理准备，不要流露出不满或者不高兴的情绪，我们应该大方地说一句：“好的，没关系！”

（4）即使对方不愿意帮助我们，这也是他们的自由，不能强人所难。

感悟体验

一、情景讨论

在“学习导入”的案例中，以下几种请求方式是否恰当？为什么？请运用所学知识进行判断，填写在横线上。

（1）张老师，出来啊！

是否恰当：__________ 理由：______________________________

（2）张老师，请你出来。

是否恰当：__________ 理由：______________________________

（3）张老师，请你出来一下，可以吗？

是否恰当：__________ 理由：______________________________

（4）刘老师，我们要换运动服，请您出来一下，可以吗？

是否恰当：__________ 理由：______________________________

（5）刘老师，不好意思，我们要换运动服，麻烦您出来一下，可以吗？

是否恰当：__________ 理由：______________________________

二、情景练习

以下情景中该如何提请求？请填写在下面的横线上。

（1）忘记带饭卡，需要找李同学借用。

____

（2）启能班举行校园百张笑脸征集活动，需要请求师兄师姐配合拍照。

____

（3）手机没电了，向老师借手机。

____

（4）在餐厅向服务员询问洗手间的位置。

____

实践运用

模拟采访

选择一位老师，对他（她）进行采访，请他（她）回答几个小问题，自己把答案填到空格里，最后请老师对你的表现做出评价，并签名。

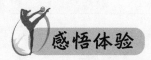

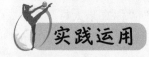

1. 采访流程

(1) 问好。
(2) 提出采访请求。
(3) 问问题、记录答案。
(4) 请老师评价。
(5) 表达感谢。

(二) 采访问题

- 什么属相?
- 什么星座?
- 最爱吃的水果?
- 最喜欢的歌曲?
- 最喜欢的明星?

采访项目表

问题	答案
什么属相	
什么星座	
最爱吃的水果	
最喜欢的歌曲	
最喜欢的明星	

采访评价表

项　目	是否做到（√或×）	评价
礼貌称呼		优（　）良（　）中（　）较差（　）差（　）
目光接触		优（　）良（　）中（　）较差（　）差（　）
使用商量的语气		优（　）良（　）中（　）较差（　）差（　）
表示感谢		优（　）良（　）中（　）较差（　）差（　）
声量适中		优（　）良（　）中（　）较差（　）差（　）
表达流利		优（　）良（　）中（　）较差（　）差（　）
总体表现		优（　）良（　）中（　）较差（　）差（　）
评价人签名:		

专题小结

我们在学习和生活中经常要请求别人的帮助和配合，也就是要向他人提出自己的要求。向他人提要求要注意以下几点：所提的要求不能过分，要恰当合理；提要求要注意场合，最好是在别人愉快或空闲时间；表达方式要得体，要有礼貌称呼，使用诚恳、委婉、商量的语气。不管对方有没有答应我们的请求，我们都要礼貌地回应。

专题5　学会拒绝他人

教学目标

分层能力目标（根据学生的实际能力水平分三个层次：Ⅰ低组；Ⅱ中组；Ⅲ高组）：

（1）知道哪些情况应该拒绝他人（Ⅰ、Ⅱ、Ⅲ层次）。

（2）掌握拒绝他人的方法和技巧（Ⅱ、Ⅲ层次）。

（3）培养自主、自信的性格（Ⅱ、Ⅲ层次）。

教学准备

小品视频《有事您说话》[①]。

课前智能拓展

“画线涂色”——专注及协调能力训练，可参考第五篇。

学习导入

生活中我们经常会遇到别人找我们帮忙，或者向我们提出一些要求和建议，出于种种原因，可能我们内心并不想按照对方的要求去做，但是有些同学因为担心失去朋友，没有勇气拒绝人家；有一些同学碍于情面，不好意思拒绝人家；有一些同学想拒绝，但不知道如何表达；还有一些同学因为表达不当，导致和同学的关系受到影响。请看下面的例子。

---

① https://v.qq.com/x/page/q0711zk59m4.html

情景案例

小欣和小明是同一个班的朋友。有一天小欣向小明借 10 元买零食。小明很不情愿借给小欣，因为小欣前段时间刚刚借过他 10 元并说好过几天还，但是一个星期过去了还没有还，也没有再提起这件事。但是小明有点不好意思拒绝小欣，不知道怎么开口，同时也有点担心，如果不借给小欣会不会失去这个朋友呢？最后经过一番思想斗争，小明最终还是借给小欣，但是心里却一直闷闷不乐。

讨论与分享：

（1）你赞成小明的做法吗？如果不赞成你觉得他应该如何拒绝小欣呢？

____

（2）你生活当中有没有类似小明这种“虽然很不情愿，但最后还是迁就顺从他人”的经历呢？如果有，请说出来和大家分享一下。

我的经历：______________________________

知识学堂

一、什么情况应该拒绝他人

（1）自己有重要的事要做，与他人的要求有冲突。

（2）别人所要求的事情的确是自己不愿意做的事。

（3）不合理或者不好的事情（违反道德、法律、社会规范、纪律等）。

（4）超出了自己能力范围的事情。

二、拒绝他人的方法和技巧

（1）注意礼貌：拒绝时要注意自己的态度和语气，要有礼貌，不能过于简单生硬。

（2）明确立场：对于明显不对的事情，要明确自己的立场，果断拒绝。

（3）说明理由：拒绝别人要进行必要的解释，以免造成不必要的误会。

（4）给出替代：拒绝他人，他人一般会产生不快、愤怒等消极的情绪，我们可以找出一些切实可行的方法来替代别人要求做的事情，来缓和对方情绪。

三、克服常见的心理障碍

（1）怯弱心理，缺乏自信，不敢拒绝。

后果：对方会得寸进尺，进一步提出更多不合理、过分的要求。

（2）缺乏独立自主的意识，一味地顺从和迁就，意识不到每个人都有拒绝的权利。

后果：失去了人际交往的平等和尊重。

（3）不合理的偏执想法："我必须与每个人建立密切友好的关系""只有顺从才能保持友好关系""如果我拒绝，他就会不理我了"等。

后果：过分苛求自己，委屈自己，给自己带来过大的心理压力。

感悟体验

一、案例分析

小明和小华是同班同学。星期天下午，小明在家做作业，小华过来约小明一起去新华书店买书。小明的作业还有很多，晚上也还有其他事情。如果和小明一起去新华书店，那就不能按时上交作业了。以下是四种应对方式：

（1）小明很为难，看看正做的作业，又看看小华，迟疑了几秒钟，最后还是说："嗯……嗯……那好吧"。

（2）小明："买什么书，不去，没兴趣！你没看见我现正很忙吗？"（粗暴地，声音很大）

（3）小明："不去。"（语气平和，然后接着做作业，不再理会小华。）

（4）小明："对不起，我还有很多作业没做完，今晚上我还要去参加奶奶的生日宴会。你自个儿去，好吗？"

角色扮演：请几位同学把以上的场景在课堂上演示出来。

分析讨论：你觉得这几种方式是否恰当？为什么？请分别进行评价，并写在下面的横线上。

方式 1：是否恰当？__________　原因：______________________________

方式 2：是否恰当？__________　原因：______________________________

方式 3：是否恰当？__________　原因：______________________________

方式 4：是否恰当？__________　原因：______________________________

你还有更好的表达方式吗？请写在下面的横线上。

____

二、情景讨论

你的好朋友平时学习不认真，在考试前他找你帮忙，要你考试时把试卷故意给他偷看，并且强调说，如果不肯帮他，他就不再把你当朋友，并且不再理你了。你非常担心如果拒绝了他，你会失去这个好朋友。

（1）你觉得该不该帮他？______

（2）如果决定不帮，该怎么拒绝他？

______

3. 如果因为拒绝他而失去了这个朋友，你后悔吗？为什么？

______

实践运用

在以下情境中，该如何拒绝对方？

（1）某同学没有及时做作业，想抄你的作业。

（2）你的好朋友学会了抽烟，有一天他（她）拿了一根烟给你抽，并且说，如果不抽就不够朋友。

（3）你的好朋友被其他同学捉弄了，他叫你一起去把那位同学打一顿出气。

（4）你买了一台新的苹果手机，班上某同学想借你的手机用几天。

专题小结

拒绝他人是我们的权利，在必要时候要学会使用。当别人向我们提出一些不合理的要求，或者我们做不到的要求，以及我们不愿意做的事情时，我们应该明确地表达自己的态度，加以拒绝。当然，拒绝他人要注意方法和技巧：语气要礼貌委婉，要适当说明自己拒绝的理由，如果可以的话，最好主动提出一个替代的解决方案。

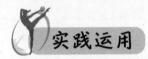

专题6　文明礼仪

教学目标

分层能力目标（根据学生的实际能力水平分三个层次：Ⅰ低组；Ⅱ中组；Ⅲ高组）：

（1）了解什么是礼仪，知道社交礼仪的基本要求（Ⅰ、Ⅱ、Ⅲ层次）。

（2）能够自然展示几种常用的社交礼仪动作（Ⅰ、Ⅱ、Ⅲ层次）。

（3）初步懂得一些基本的餐桌礼仪（Ⅱ、Ⅲ层次）。

教学准备

收集一些社交礼仪的图片、“程门立雪”视频，制作多媒体课件

课前智能拓展

“故事排序”——表达与理解能力训练，可参考第五篇。

学习导入

礼仪起源于原始社会的祭神仪式。文明礼仪可以表现一个人的道德修养，折射出一个社会、一个国家的文明程度。作为一个文明的现代人，我们在日常生活中，也要注意一定的礼仪，这样才能使自己成为一个大方得体、让人喜爱的文明人。

大家听过“程门立雪”的典故吗？这是一个中华传统美德的故事。杨时正是因为注意礼仪，懂礼貌，才感动老师程颐，学到老师的全部学问。

播放视频：“程门立雪”。[1]

---

① http：//www.61ertong.com/flash/gushi/253895.html

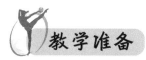

知识学堂

一、什么是礼仪

礼仪是指在社会交往中，以惯用的、约定俗成的行为方式来表达对人的尊敬。我们生活中常见的礼仪有很多，如熟人见面打招呼，陌生人见面相互介绍、握手礼，请、送、让、赠礼等社交礼仪，餐桌礼仪，商务礼仪等。

我们在人际交往中讲究礼仪，是为了约束、规范自己的行为举止，更好表达对别人的尊敬，从而有助于我们的社会交往和事业成功。

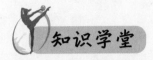

二、社交礼仪的基本要求

在人际交往中，要让别人感受到我们的尊敬，就要注意“三到”：眼到、口到和意到。

（1）眼到：要有目光的交流，友善、平视对方。

（2）口到：要用对方听懂的语言，热情、正确称呼对方。

（3）意到：面带微笑，把友善、热情表现出来。

感悟体验

一、人际交往中的常规距离

在人际交往中，人与人之间身体的距离既能够反映彼此间的关系，也是一定礼貌礼仪的体现。下面，我们来了解一下不同关系、场合的人际常规距离。

（1）私人距离：小于0.5米，适合亲密关系。

（2）常规距离（一般交际距离）：0.5～1米，适合朋友、熟人或亲戚之间。

（3）礼仪距离（尊重距离）：1～3米，适合一般社交、办公或与领导长辈相处等。

（4）公共距离：3米或3米以上，适合公共场所或演出等。

二、餐桌礼仪基本常识

吃饭用餐是我们每天都要做的事情，也是个人不可避免的一项社交活动。中国是传统的礼仪之邦，餐桌上也有一定的礼仪讲究。那么，餐桌上要注意哪些基本的礼仪呢？

话你知

餐桌上的基本礼仪

（1）请长辈、宾客先入座；让他们先动筷夹菜，自己再吃。

（2）别人给自己添饭菜，要说“谢谢”；给别人夹菜时要用公筷。

（3）吃东西时尽量不发出响声，口中有食物时避免说话、饮酒。

（4）吃剩的骨头菜渣要放骨碟里，不要直接吐在餐桌上。

（5）不挑食，不剩饭菜；碗碟轻拿轻放，摆放整齐。

（6）坐姿端正，不要在餐桌上打哈欠、抖脚、梳理头发等。

今天，随着生活水平的提高，生活方式更加多元化，吃西餐也是常有的。为了使大家在西餐厅里也能做一个文明懂礼的用餐者，下面给大家补充介绍一些西餐礼仪的基本常识。

拓展知识

西餐礼仪基本常识

（1）穿正装，坐姿端正，手肘不放桌面，双腿不交叉，不跷足。

（2）餐巾对折，可平铺在腿上，切忌用餐巾擦拭餐具。

（3）右手拿刀，左手握叉，刀叉一般按上菜次序从外向内侧使用。

（4）牛排吃一块，切一块；面包撕片吃，不可用口咬；喝汤须用汤匙，不能端起汤盘喝。

（5）刀叉合拢放于盘中表示吃完这道菜，未用完应将刀叉八字交叉放盘中。

（6）在咀嚼时不要说话，不能发出啜食声音；剔牙时，用手或餐巾遮口。

实践运用

几种常用的社交礼仪动作

在日常的人际交往活动中，有一些常用的社交礼仪动作，需要我们掌握正确的动作要领，在相应的实际情境中自然大方地展示运用。

1. 礼仪规范站姿

2. “请”的动作

3. 招手问好

微笑看着对方，主动招手，问候：“你好！”（如下图所示）

4. 握手礼仪

一般女士、上级、长辈先伸手，不能用左手，用力不宜过大，不能戴着墨镜、帽子、手套（如下图所示）。

5. “第三方介绍”礼仪

介绍者标准站姿，右臂略屈前伸，掌心向上，五指并拢，手指指向被介绍人。微笑用视线把另一方注意吸引过来。介绍语：“某某某，这就是（我常跟你提及的）某某某。”被介绍者点头致意，也可握手为礼：“你好，很高兴认识你！”（如下图所示）

技能展示

常用社交礼仪动作展示

（1）做一个礼仪规范站姿。

（2）做一个请的动作。

（3）做一个招手问好动作。

（4）做一个握手的动作。

（5）做一个第三方介绍。

专题小结

这个专题的内容很丰富，跟我们的日常生活密切相关。希望同学们能把今天学到的一些基本社交礼仪用到以后的日常交际生活中，做一个文明有礼的现代人。

家庭作业

在家里面跟父母练习、展示几种常用的社交礼仪动作。

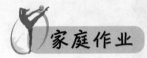

专题7　了解职业

教学目标

分层能力目标（根据学生的实际能力水平分三个层次：Ⅰ低组；Ⅱ中组；Ⅲ高组）：

（1）了解什么是职业，知道工作的意义（Ⅰ、Ⅱ、Ⅲ层次）。

（2）知道自己能做什么工作，愿意积极锻炼提升职业能力（Ⅱ、Ⅲ层次）。

（3）初步懂得制定行动措施（Ⅱ、Ⅲ层次）。

教学准备

收集一些职业图片。

课前智能拓展

“你说我猜”——理解与表达能力训练，可参考第五篇，建议选用和职业有关的词语。

学习导入

（1）说说老师展示的图片显示了什么职业，它需要什么职业素养或职业能力。

（2）每个人都有自己的梦想和追求，每个人都希望美好的梦想能成为现实。俗话说：

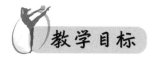

“三百六十行，行行出状元。”你未来想从事怎样的工作？请跟大家一起分享你的职业理想。

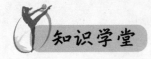

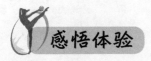

知识学堂

职业与职业生涯

1. 职业

职业是个人在社会中所从事的、有稳定收入的工作，既是人们实现人生价值、为社会做贡献的舞台，也是人们谋生（在社会中生存、发展）的手段。

(1) 职业有稳定的合法收入，帮助我们自我完善和发展，获得精神上的愉快、满足，把我们与社会相互联结。人的生存、生活离不开职业。

(2) 职业也意味着承担责任和遵守纪律。它对我们的能力和素养有特定的要求，对我们的行为有特定的规范。

2. 职业生涯

职业生涯是指一个人一生的职业历程，即一个人一生职业、职位的变迁及职业理想的实现过程。

(1) 职业生涯包括选择什么职业，以及在什么地区和什么单位从事这种职业，还包括在这个职业团队中担负什么职务，以及实现这些设想的措施等内容。

(2) 职业生涯发展是一个不断学习、不断积累、不断提升、不断发展即终身学习的过程。我们需要结合个人特点、所学专业和外部环境，自觉提高职业素养和职业能力，努力调整和发展自己的个性，争取美好未来的规划。

感悟体验

一、选择合适职业的建议

今天，我们在学校刻苦学习各种各样的知识和技能，就是为我们明天步入社会能够找到一份工作，顺利从事一个职业打造基础。如果我们将来能够找到一份力所能及的工作，并持续坚持下去，我们就可以自食其力，自己养活自己，这对我们来说是一件值得自豪的事情。为了实现这个目标，从现在开始，我们就要积极提升自己的职业能力。对于怎样选择职业更适合我们，可以参考以下建议：

（1）选择能够胜任（力所能及）的工作。

（2）选择环境比较安全的工作。

（3）选择有熟人照应的工作。

（4）有工作胜过没工作。

（5）坚持一边做、一边学习的态度。

（6）拥有不怕困难、勇于尝试的心态。

技能展示

接龙游戏

每个同学想出一句关于“工作有什么用处”的话，后面说的同学尽量不与前面同学重复，讲得越精彩越有道理越好。

二、工作中的注意事项

如果有企业愿意聘用我们从事某个岗位的工作，为了能够更快胜任这份职业，在工作中我们需要注意以下五点，做到这些方面，能帮助我们得到企业的认可：

（1）了解工作任务（做什么事）。

（2）明确工作时间（何时上班、下班）。

（3）知道工作主管（向谁负责、汇报）。

（4）工作中主动询问，及时沟通。

（5）做到遵纪、守时、勤快、诚实。

实践运用

我的职业生涯规划

（1）我所学的专业是：________________________________

（2）适合我的职业群有：______________________________

（提示：职业群一般由基本操作技能相通，工作内容、社会作用以及从业者所应具备的素养接近的若干个职业所构成。可咨询专业老师或班主任。）

（3）我需要具备的职业素养有：______

（提示：职业素养是从业者在职业活动中表现出来的综合品质，主要呈现为从业者遵循职业内在要求，在个人世界观、价值观、人生观和具有的专业知识、技能基础上表现出来的作风和行为习惯，如负责、遵纪、守时、勤快、诚实等。）

（4）我的学历文凭与职业资格证书有：______

（5）我的兴趣与职业兴趣：______

（提示：我喜欢跟人或物打交道，喜欢规律重复的工作或喜欢挑战创新的工作，喜欢思考、分析还是喜欢动手操作等。）

（6）我的性格与职业性格：______

（提示：活泼开朗，灵活多变还是严谨等，喜欢重复、服从、协作还是喜欢变化、独立等。）

（7）我的职业能力有：______

（提示：记忆力、观察力、注意力等，语言表达能力，算术能力，眼手协调能力，手指灵活能力等。）

（8）选择职业时，我最看重：______

（提示：收入高、离家近、工作轻松、有熟人、成就感、帮助他人等。）

（9）外部条件支持我：______

（提示：家庭经济条件、家庭成员的职业、相关的政策等。）

（10）我的职业目标是：______

（11）围绕自己的目标，在校期间我要怎么做？

时间	任务	做法

补充知识

职业生涯规划调整“七问”

(1) 自己喜欢的工作到底是什么？

(2) 自己的专长是什么？

(3) 现在工作对自己的重要性？

(4) 有哪些工作机会可供选择？

(5) 我将要怎么做？

(6) 我的下一个工作将要做什么？

(7) 当我做现在的工作时，将为我的下一个工作做什么准备？

专题小结

希望同学们通过思考“我想干什么？我能干什么？社会允许我干什么？”来及时分析自身条件、评估发展机会，看到自己的优势，正视就业现实，明确自身差距，及时调整目标，取得职业生涯的成功。

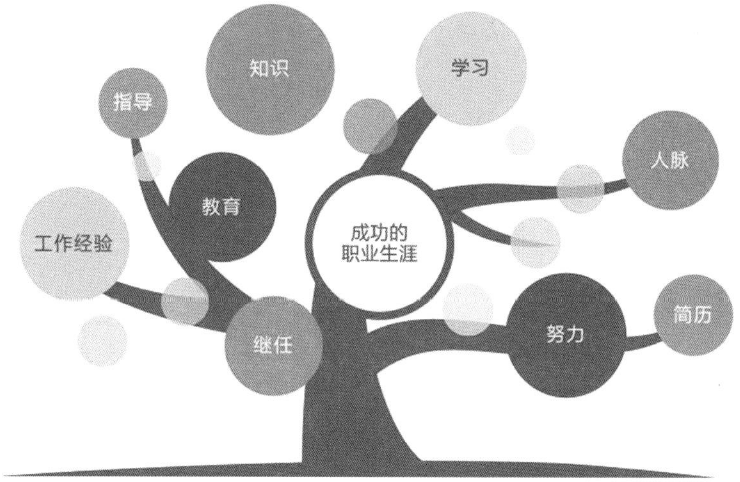

家庭作业

跟家长交流择业观，想想自己在选择职业时需要考虑哪些因素。

专题8　求职面试的准备

教学目标

分层能力目标（根据学生的实际能力水平分三个层次：Ⅰ低组；Ⅱ中组；Ⅲ高组）：

（1）了解求职面试的基本方法（Ⅰ、Ⅱ、Ⅲ层次）。

（2）知道求职面试的礼仪（Ⅰ、Ⅱ、Ⅲ层次）。

（3）初步学会制作简历，懂得避免求职过程中的陷阱（Ⅱ、Ⅲ层次）。

教学准备

收集求职面试的案例资料。

课前智能拓展

“看图说话4”——理解与表达能力训练，可参考第五篇。

学习导入

在人生的大舞台上，不同的人扮演着不同的角色。当结束快乐、充实的校园生活步入社会时，我们面临最迫切的问题就是能否找到一份职业，挣钱养活自己了。从“学校人”到“职业人”，既是人生非常重要的角色转换，也是一次人生的跨越。对每个中职生来说，如何

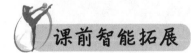

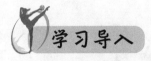

找到心仪的工作，怎样顺利通过面试是迈好职业生涯非常重要的第一步。

今天，我们将一起学习：求职面试要做哪些准备，求职面试有哪些礼仪和技巧需要注意。

知识学堂

求职时要做好准备，掌握恰当的求职技巧，充分展示自己的才能和优势。

1. 求职技巧

（1）搜集就业信息。

一般就业信息可通过传媒和网络、学校和中介、亲戚和朋友等多种渠道搜集。在搜集具体用人单位信息时，可留意单位的性质、经营业务、企业文化、对聘用人员的知识能力要求、工资待遇等。

求职者在求职前或求职过程中，应主动学习一些劳动法规和相关政策，提高自己的求职素质和独立思考的能力。应该到正规的人才市场或劳动力市场求职。尝试多种途径了解公司情况。当要交培训费、服装费或抵押如身份证、毕业证等重要证件时，需谨防诈骗，最好提前咨询父母或老师，发觉被骗，及时报案。

求职小锦囊1：第一次外出找工作最好是在父母、亲人伴随下前往，这不仅能够避免陷入骗局规避危险，还能很好地利用他们的经验与社会资源，更容易找到合适的工作。注意招聘单位的营业执照等相关证件。在求职时，判断其真实性的最好办法就是看看它的应聘条件是否合理。工作时间短、工作强度不高、应聘要求低但工资却非常高，这类招聘广告大多存在欺骗的成分，千万不要轻信。一定要记住：天上不会掉馅饼。

（2）掌握面试技巧

面试时要重视行为举止，展现求职礼仪，尽量给对方留下良好的第一印象。谈话时口齿清晰，语言流利，语气平和，针对用人单位的具体要求，强调自身优势。

求职小锦囊2：在日常生活中，要注意纠正不良行为，锻炼自己的口头表达能力。

2. 求职过程中保持积极的心态

在找工作时要充分考虑自己的特长和能力，最忌讳好高骛远，不切实际。遇到挫折后，与值得信赖的人一起，以积极的态度分析失败的原因。以乐观的心态把每一次的应聘经历当成一种生活体验。

求职小锦囊3：在求职遭受挫折时，自我调适的主要方法有自我转化、适度宣泄、松弛练习、自我慰藉等。

温馨提示

谨慎签订劳动合同

与用人企业签合同时，求职者要“三看”：一看企业是否经过工商部门登记以及企业注册的有效期限，否则所签合同无效；二看合同字句是否准确、清晰、完整，不能用缩写、替代或含糊的文字表达；三看劳动合同是否有一些必备内容。最好是让自己的家人、朋友、老师帮忙把关，看看是否合理，是否维护自己的合法权益。

感悟体验

求职面试礼仪

体验活动

求职面试礼仪自我检视单

面试前：

（1）头发干净自然，颜色和发型不可太“另类”。

（2）服饰大方整洁合身，符合身份。

（3）修剪指甲，不涂指甲油。

（4）不佩戴夸张的装饰物。

（5）穿合脚的皮鞋，而且鞋面干净。

面试过程：

（1）先敲门，经允许后再进去。

（2）关闭手机，手脚放轻。

（3）态度从容，情绪稳定。

（4）眼睛平视，面带微笑。

（5）说话清晰，音量和语速适中，避免言语失当。

（6）神情专注，不抖腿、挠头、折纸、转笔、整理头发，咳嗽、喷嚏要掩口、回避对方，然后轻声道歉。

（7）手势适度，不宜过多。

面试结束：

（1）礼貌地与考官握手、致谢。

（2）轻声起立，并将座椅推回原位。

在自我检视单中，你发现自己可能会存在哪些问题，准备如何纠正呢？

实践运用

一、简历制作

简历可以向用人单位展示自己的才能和优势。制作时注意文字工整，语句没有错误；以简洁为主，篇幅控制在一页；内容真实；突出自己的工作态度、工作能力与经历；在工资待遇和个人照片方面需谨慎。简历可以自己制作，也可以下载简历模板，现在甚至有人制作了简历视频。递送简历要用双手，简历字迹正对面试官。

简历模板

<table>
<tr><td>姓名</td><td></td><td>性别</td><td></td><td>出生年月</td><td></td><td rowspan="4"></td></tr>
<tr><td>民族</td><td></td><td>政治面貌</td><td></td><td>身高</td><td></td></tr>
<tr><td>学制</td><td></td><td>学历</td><td></td><td>户籍</td><td></td></tr>
<tr><td>专业</td><td></td><td colspan="2">毕业学校</td><td colspan="2"></td></tr>
<tr><td colspan="7">个人履历</td></tr>
<tr><td>时间</td><td colspan="2">单位</td><td colspan="4">经历</td></tr>
<tr><td></td><td colspan="2"></td><td colspan="4"></td></tr>
<tr><td></td><td colspan="2"></td><td colspan="4"></td></tr>
<tr><td></td><td colspan="2"></td><td colspan="4"></td></tr>
<tr><td colspan="7">联系方式</td></tr>
<tr><td>通讯地址</td><td colspan="3"></td><td>联系电话</td><td colspan="2"></td></tr>
<tr><td>E-mail</td><td colspan="3"></td><td>邮编</td><td colspan="2"></td></tr>
<tr><td colspan="7">自我评价</td></tr>
<tr><td colspan="7"></td></tr>
</table>

练习：请根据自己的实际情况，填写上面的简历模板，制作一份自己的简历。

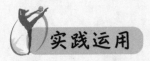

二、面试的自我介绍

技能展示

自我介绍模板

你好（面带微笑）!

我叫某某某（名字），今年多少岁（年龄）。

我是某某学校某某专业的启能毕业生，我学过什么（如点心制作、餐饮服务等），能够做什么事（如做面包、曲奇、餐厅服务员工作等）。

希望可以给我一个工作的机会，我会很努力的！（微笑点头）谢谢！

模拟演练：每个同学将抽到一家企业提供的岗位，然后向同学们展示自己去这个单位面试的过程。企业岗位如下：

（1）超市货物整理员。

（2）饼店杂工。

（3）餐饮店洗碗工。

（4）麦当劳后区员工。

老师归纳引导学生注意：①着装整洁，仪容端庄；②面带微笑，举止文明；③携带必要的物件（身份证、证书、简历、手机、笔、记事本、纸巾等）；④简单清晰的自我介绍；⑤礼貌安静，保持联络。

补充知识

面试官常问的问题及应对

（1）请介绍一下自己。应对：企业想知道求职者是否胜任该工作，因此突出自己学过的知识、技能、能够胜任的工作等。表述条理清晰，内容与简历一致，不谈无关、无用的内容，在回答每个问题后说句“谢谢”。

（2）谈谈你的优/缺点。应对：面试官目的是在于检视人才是否适当，求职者的诚恳度等。在这之前应该好好分析自己，将自己的优点与缺点列出来写在纸上。在回答问题时，以优点作为主要诉求，强调可以为公司带来利益的优点，如积极，肯学习肯吃苦是最普遍的回答，而缺点部分则建议选择一些无伤大雅的小缺点。

（3）为什么想进本单位？应对：此时面试官就开始评断录用与否了。在回答这个问题时，一定要积极正面，如公司的社会声誉好，希望能靠自己养活自己，希望能在单位多学习等。

(4) 你对加班的看法。应对：面试官想测试你是否愿意为公司奉献，可以这样回答："如果是工作需要，我会义不容辞加班，我现在单身，没有任何家庭负担，可以全身心投入工作。但同时，我也会提高工作效率，减少不必要的加班。"

(5) 你对薪资的要求。应对：面试官想看看这笔钱是否引起你的工作兴趣，可以这样回答："我对工资没有硬性要求，我相信贵公司在处理我的问题上会友善合理。我注重的是找对工作机会，只要条件公平，我不会计较太多。"

专题小结

在这个竞争激烈的社会里，要找到一份心仪的工作并不容易。希望同学们能调整好心态，做好适应社会、融入社会的准备。

家庭作业

在家里面跟父母模拟练习求职面试的过程，并拍小视频发给老师检查。

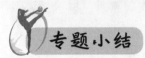

第四篇
青春期教育

青春期是一个人从童年到成年的过渡阶段，是一个人走向成熟、走向社会的转型阶段，也是世界观、人生观、价值观逐步形成的关键时期。在青春期，我们的体态、生理机能、自我意识和心理行为等都将出现前所未有的巨大变化，尤其伴随着性意识的觉醒和发展而突如其来的性冲动等现象也可能引发我们一系列性的生理、心理问题。同学们，在步入成年之前，我们有必要了解和学习一些性的科学知识，帮助自己正确看待和应对身心发展过程中出现的一些生理、心理现象，减少不必要的担忧和恐惧。

本篇结合我们实际的身心发展情况，从了解青春期的身心变化和隐私部位及社会规范，学习如何保护身体、预防性侵犯，如何应对性意识发展、性冲动等方面提供六个专题的青春期健康教育内容，帮助同学们提高性生理和性心理的健康知识水平，增强我们的健康意识和自我保护能力。

专题1　青春期及身心变化

教学目标

分层能力目标（根据学生的实际能力水平分三个层次：Ⅰ低组；Ⅱ中组；Ⅲ高组）：

（1）了解什么是青春期（Ⅰ、Ⅱ、Ⅲ层次）。

（2）知道青春期男女生身心变化的特征（Ⅱ、Ⅲ层次）。

（3）学会接纳和适应青春期的变化（Ⅱ、Ⅲ层次）。

教学准备

收集青春期体型变化图片资料、打印男女青春期身心变化特征卡片。

课前智能拓展

“排排队”——感知觉训练，可参考第五篇。

学习导入

男生和女生有很多不同，表现在穿着打扮、兴趣爱好、性格行为、生理特征等方面，请同学们每人说出一个男女不同的具体表现。

在小的时候，男孩和女孩从外表上看差别并不大，但随着年龄慢慢地增长，这种差异渐渐变得明显。尤其到了一个特定的时期，男女间的差异越来越显著，我们几乎单从体型上就能区分男女。这个时期就是通常所说的“青春期”。在这个时期里，男孩和女孩的身体和心理都发生了急剧的变化，有时也会产生一些心理上的困扰。目前我们和同龄人正好处于这个时期，很有必要学习“青春期”相关的知识，了解男女身心变化的差异，减少一些疑虑，使自己度过一个健康、快乐的青春期。

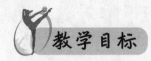

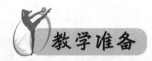

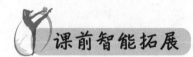

知识学堂

什么是青春期

（1）青春期是指由儿童生长发育到成年人的过渡时期，一般为10—20岁。

（2）青春期是人体生长发育的第二个高峰期。

①身高、体重迅速增长，男女体型发生明显变化，性器官也迅速发育成熟，出现了第二性征。

②神经系统以及心、肺器官的功能明显完善。

③女孩的青春期一般比男孩提前2年左右。

④个体青春期的年龄差异较大，早晚相差几年都是正常的。

（3）青春期是生理发育和心理发展急剧变化的时期。

①性心理发展也发生了质的飞跃，开始喜欢接近异性，有性冲动等现象。

②很多事情想自己做决定，越来越接近成人。

③有的人开始注意打扮，有的人变得有点叛逆，有的人情绪容易波动。

感悟体验

青春期男女生理特征的差异

从青春期开始，男女在生理特征上的差异会越来越明显，男孩子会越长越像男人，女孩子会越长越像女人。青春期男女生理特征的差异主要表现在第一性征（生殖器官）和第二性征的差异。

1. 第一性征的差异

生殖器官的差异是分辨男女性别的本质特征，也称为第一性征，主要由遗传物质决定。男性的生殖器官有睾丸、附睾、输精管、阴囊、前列腺、阴茎；女性的生殖器官有卵巢、输卵管、子宫、阴道、外阴。

随着青春期的到来，个体的生殖器官迅速发育成熟，其标志是男孩出现遗精，女孩有周期性月经。当我们的身体出现这些现象时，无须感到害怕或担忧，这些身体变化都是健康和正常的，这也说明我们已经长大了，开始具有繁殖能力。当然，这个时候我们也要注意生殖器官的卫生。

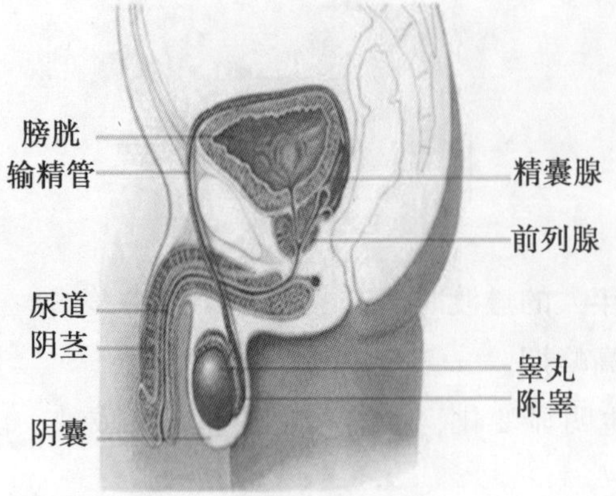

男性生殖器官

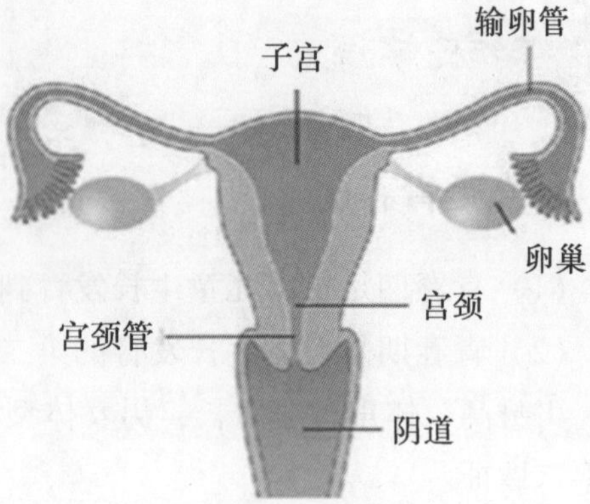

女性生殖器官

2. 第二性征的差异

除了内外生殖器官的差异外，青春期男女在体形外貌上也有一些显著的特征差异，如男性体格高大、肌肉发达、喉结突出，长出胡须等；女性皮肤细嫩、骨盆宽大、乳腺发达，声音高亢等。男女在这些方面的特征区别，称为第二性征，主要是人体内性激素作用的结果。

实践运用

青春期男女的身心变化

个体的身体和心理在青春期会发生一系列明显的变化，在这些身心变化特征中，有些是男孩才有的，有些是女孩才有的，有些是男女都共同有的。比如身体迅速长高、长出阴毛、开始关注自己的外表……这些属于男女共同都有的变化，而阴茎变大是男孩才有的，开始来月经是女孩才有的。所有这些都是个体在青春期成长发育的正常现象，我们不必为此感到害羞或忧虑。我们要学会适应、接纳自己身体和心理上发生的变化，成为一个健康、自信的人。

判断辨析

青春期男女的身心变化

下面列举了个体青春期的身心变化特征，你认为哪些是属于男生特有的，哪些是属于女生特有的，哪些是男女共有的？请把它的序号写在对应的栏目上。

（1）开始长高　（2）阴茎和睾丸变大　（3）变声

（4）阴道开始产生分泌物　（5）体味变得浓重　（6）开始梦遗

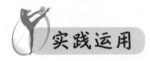

(7) 脸上开始长青春痘　(8) 汗液变多　(9) 阴茎勃起次数更多
(10) 情绪波动较频繁　(11) 长出阴毛　(12) 开始来月经
(13) 长出腋毛　(14) 脸上长胡须　(15) 睾丸开始产生精子
(16) 卵巢开始排卵　(17) 乳房发育　(18) 开始产生性冲动
(19) 外阴长大　(20) 开始产生浪漫的感觉

青春期男生的身心变化：________________

青春期女生的身心变化：________________

青春期共同的身心变化：________________

参考答案

青春期男生的身心变化：(2)、(6)、(9)、(14)、(15)。

青春期女生的身心变化：(4)、(12)、(16)、(19)。

青春期共同的身心变化：(1)、(3)、(5)、(7)、(8)、(10)、(11)、(13)、(17)、(18)、(20)。

教师也可以将各种青春期身心变化的特征打印在卡片上，每个同学分发几张，请同学们判断自己手上的卡片特征属于男生，女生，还是男女共有的，并把卡片放到课室里相应的类别上。其中有些特征的归类可能需要进一步引导和解析，等同学们能够弄明白之后，再填写上面的栏目。

专题小结

每个人都有青春期，每个人的青春期也都不一样。青春期给我们每个人带来很多身心的变化，也带给我们各种丰富的感受。青春期，让我们更加了解男女的性别差异，让我们逐渐成长过渡到成人。另外，也要提醒大家，有关青春期教育（包括以后学习）的一些知识内容，我们可以在课堂上讨论，但不要在课堂之外随便跟别人谈论，这是对我们自己的保护，也是对别人的尊重。

专题2　隐私部位及社会规范

教学目标

分层能力目标（根据学生的实际能力水平分三个层次：Ⅰ低组；Ⅱ中组；Ⅲ高组）：

（1）了解什么是身体的隐私部位（Ⅰ、Ⅱ、Ⅲ层次）。

（2）初步懂得隐私部位的社会规范（Ⅱ、Ⅲ层次）。

（3）树立对身体隐私部位的保护意识（Ⅱ、Ⅲ层次）。

教学准备

收集身体隐私部位的图片和“我的身体属于我”视频，制作“给隐私部位穿衣服”的活动模板，彩色笔若干盒。

课前智能拓展

实践运用的“拓展活动”：给身体隐私部位“穿”衣服

学习导入

看图说一说：

（1）出示下图，请同学们说出图中对应数字部位的身体名称。

（2）除了上面这些部位名称，谁还能说出身体其他部位的名称？

（3）图中人物衣服遮住的部位是什么部位？为什么要被遮住？

今天，我们就一起来学习有关身体隐私部位的知识。

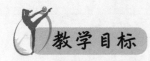

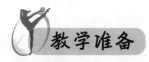

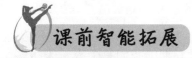

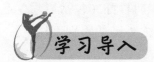

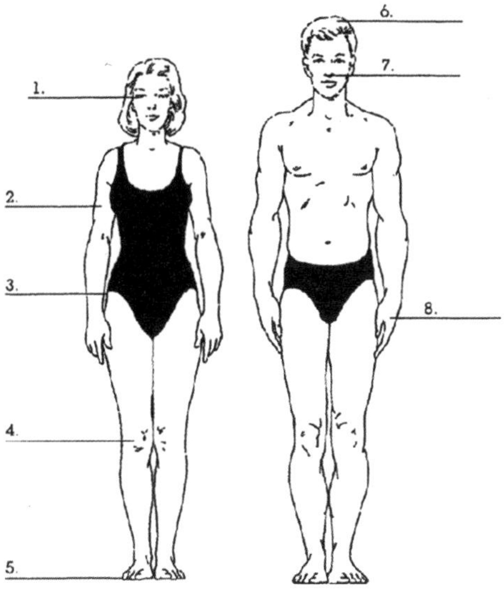

身体部位

知识学堂

身体的隐私部位

隐私部位是指人体出于礼仪、得体和受尊重，在公共场合和常规环境中，习惯被衣服覆盖的位置。

身体的隐私部位（如下图所示）主要有：乳房、阴部、睾丸、阴茎、臀部。

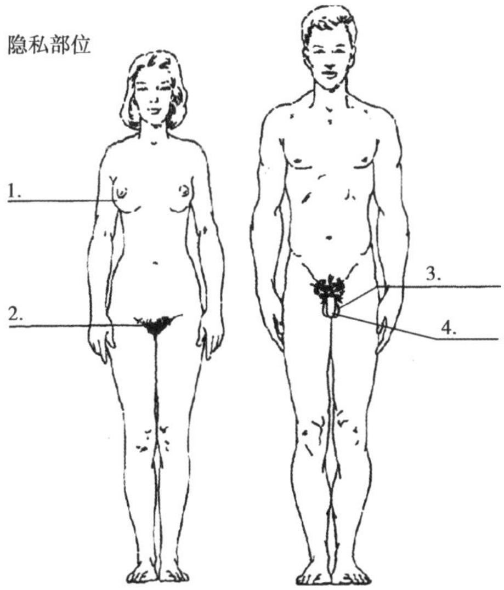

身体隐私部位

与我们的手、脚、头部等部位相比，人体的这些部位是不能随便给人看和摸的，平时在公众场合一定要遮盖起来，因此称为隐私部位

女性的隐私部位（如左下图所示）有：乳房、外阴和臀部。

男性的隐私部位（如右下图所示）有：阴茎、阴囊（内含睾丸）和臀部。

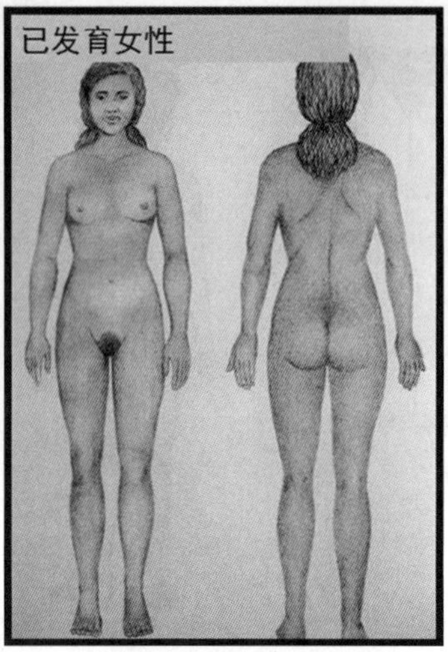

女性的隐私部位

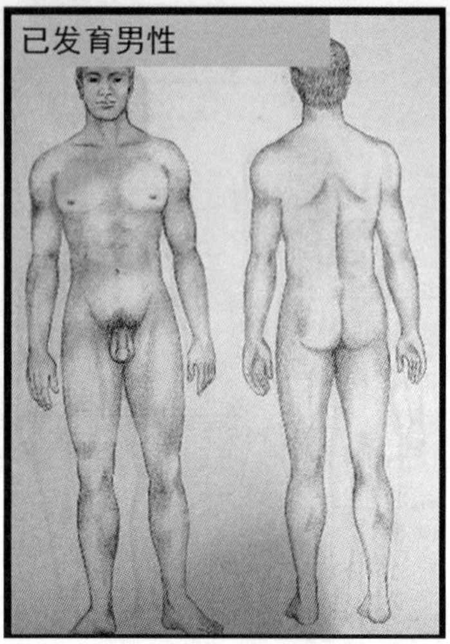

男性的隐私部位

感悟体验

隐私部位的社会规范

在公共场合和常规环境中，对于身体的隐私部位，我们不仅需要穿衣服把它们遮盖起来，不能使其暴露在外，而且人们在生活中对于隐私部位还形成一定的社会规范，需要大家自觉遵守，共同维护。如果谁违反了这些规范，可能会被认为是精神不正常，甚至还可能承担一定的法律后果。

隐私部位的社会规范可以概括为“一遮五不要”，具体如下：

（1）遮挡自己身体的隐私部位。

（2）不要在别人面前碰触自己的隐私部位。

（3）不要触碰其他人的隐私部位。

（4）不要随便跟别人谈论自己的隐私部位及其功能（如小便等）。

（5）不要和别人谈论他们的隐私部位。

（6）不要盯着别人的隐私部位。

实践运用

1. 观看视频："我的身体属于我"①

特别地，还要提醒同学们注意，在保护隐私部位的同时，我们也要注意隐私部位的卫生清洁，每天洗澡，更换内衣裤。女孩的经期要注意定期更换卫生巾。

2. 拓展活动："给身体隐私部位穿衣服"

拓展活动

给身体隐私部位"穿"衣服

把隐私部位的名称填在数字对应的横线上，再用喜欢的衣服颜色、款式，分别给图上的人物画上内裤和泳衣，遮盖他们的隐私部位。

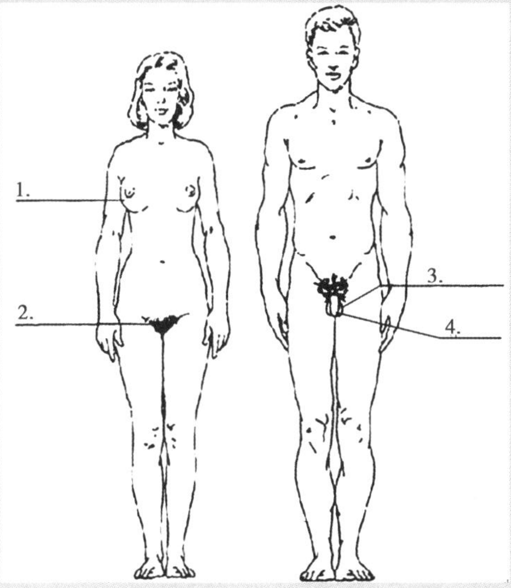

姓名：________ 班级：________ 成绩：________

年 月 日

① http：//m. youku. com/video/id_ XNzMwMDQ3OTE2. html？ sharefrom = iphone&x = &from = timeline&isappinstalled = 0

专题小结

在日常生活中，我们要自觉遵守隐私部位的社会规范，也要树立保护自己身体隐私部位的意识，学会更好地尊重自己和他人，做一个健康、文明的社会人。

专题3　保护身体，勇敢拒绝

教学目标

分层能力目标（根据学生的实际能力水平分三个层次：Ⅰ低组；Ⅱ中组；Ⅲ高组）：

（1）了解什么是性侵犯，懂得对性侵犯行为进行抵制（Ⅰ、Ⅱ、Ⅲ层次）。

（2）树立保护自我身体的意识，培养拒绝性侵犯的勇气和信心（Ⅰ、Ⅱ、Ⅲ层次）。

（3）初步掌握拒绝性侵犯的技能（Ⅱ、Ⅲ层次）。

教学准备

拍摄一段同龄人扮演拒绝性侵犯的视频，根据学生性别、人数准备相应的性侵犯情景应对纸条，一个纸筒，轻快音乐。

课前智能拓展

“传递自信”——身体协调与自信训练。

操作方法：参与者用头和肩膀夹着传递纸棒，音乐停止时，夹着纸棒的同学，要说一句赞美自己身体某个部位特征的话，比如：我喜欢自己的皮肤，因为它很白净。

学习导入

1. 复习旧课

上个专题我们学习了《隐私部位及其社会规范》，请大家能说说身体的哪些部位属于隐私部位，对于隐私部位有哪些社会规范。

温故知新

身体的隐私部位

女性的隐私部位有：乳房、外阴和臀部。

男性的隐私部位有：阴茎、阴囊（内含睾丸）和臀部。

温故知新

隐私部位的社会规——“一遮五不要”

(1) 遮挡自己身体的隐私部位。
(2) 不要在别人面前碰触自己的隐私部位。
(3) 不要触碰其他人的隐私部位。
(4) 不要随便跟别人谈论自己的隐私部位及其功能（如小便等）。
(5) 不要和别人谈论他们的隐私部位。
(6) 不要盯着别人的隐私部位。

2. 引入新知

请看下面这幅图，并说说你的想法。

知识学堂

一、什么是性侵犯

当有人违反你的意愿触碰你身体的隐私部位，或者强迫、引诱你看或触碰他们身体的隐私部位，这样的行为就叫作“性侵犯”。性侵犯可以泛指一切与性相关、且违反他人意愿，对他人做与性有关的行为。以下三点需要引起注意：

(1) 有些性侵犯行为，即使不涉及身体接触，仍然侵犯我们的权利，如某人在你

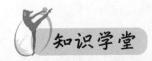

面前暴露自己的隐私部位。

（2）男孩会不会受到性侵犯？答案是会。

（3）有些性侵犯通常会先利用或引诱你，如有些性侵犯者可能是你熟悉的人；有些人在侵犯你之前可能会先给你一些平时你喜欢的东西。

二、我的身体我做主

我们有权利不让别人触碰我们的身体和隐私部位，你也有权不看其他人的隐私部位，有权不听、不谈论隐私的行为。性侵犯行为违背我们的意愿，侵犯了个人的权利，是一种违法犯罪行为。性侵犯行为危害我们的人身安全和身心健康，如果不及时给予抵制和揭露，我们和别人很有可能会继续遭受侵犯。因此，性侵犯的行为是不能接受的，我们要勇敢拒绝！

有些人可能会借助彼此熟悉的缘故或者是长辈的身份，有意地触碰你的身体，或对你提一些过分的要求，当受到你反抗之后，对方停止了行为，但希望你为他保密，你当时因为害怕而承诺答应了。即使是这样，过后你依然可以选择打破承诺，告诉父母来保护自己。

也许有人会问，哪些人可以看我们的隐私部位？请大家记住：只有我们自己可以看自己的隐私部位。另外，某些特殊情况，经我们同意，帮助我们洗澡的父母、检查身体的护士或治病的医生也可以。

感悟体验

如何拒绝性侵犯

1. 说“不”要领

当有人要性侵犯你时，我们要做到以下四点：

（1）声音清晰、坚定说：“不行！”

（2）站得笔直，看着对方说。

（3）保持距离，伸手阻挡。

（4）迅速离开，告诉信赖的人（如老师、父母等）。

2. 榜样示范：运用说“不”要领拒绝性侵犯

教师可以播放录好的视频，也可以邀请助教一起进行情景表演，让学生通过观看来学习怎样拒绝性侵犯。在进行情景表演时，需要跟学生做好相关解释，避免误解。

情景示范

勇敢拒绝“性侵犯”示范

情景：你哥哥的朋友对你说，很喜欢你，想要摸你的胸部，你该如何应对？

应对要领：马上站立，看着他，大声、清晰对他说：“不行！”如果对方又靠近，要保持距离，伸手阻挡；然后迅速离开，把这件事告诉家人。

实践运用

每个同学抽到一张“情景应对”纸条，根据上面的情景，运用说“不”要领，扮演如何拒绝性侵犯。

情景应对

“性侵犯”情景应对

情景1：你邻居的大叔想让你坐在他的大腿上，而你不想，你该怎么做？

情景2：如果你的一位异性亲戚，在没有其他人的情况下，想让你看他的隐私部位，你该怎么应对？

情景3：回家的路上，有人走过来跟你说，给你100元，让你跟其到那边脱下裤子，你该怎么做？

情景4：如果有人想要拥抱你，而你又不想被他拥抱，你该怎么办？

情景5：在公交车上，你发现有人挨着你，摸你的屁股，你该怎么办？

情景6：如果有人当着你摸自己的隐私部位，告诉你说这样做很舒服，让你试一试，你该怎么回应？

教师和助教可以协助扮演情景中的侵犯者和旁边的家人、老师等角色。学生轮流进行情景应对，针对不同学生的能力水平，注意指导学生先敢于拒绝，其次掌握拒绝要领。

专题小结

在生活中，如果碰到有人想对你实施性侵犯行为，一定要用今天学到的说“不”要领，勇敢拒绝，保护自己！

家庭作业

每个人把今天抽到的情景应对纸条，交换一下，回家跟家长练习情景应对。

要求：家长一方扮演侵犯的人，一方扮演附近或旁边的其他成人、父母、老师、警察等，学生扮演被侵犯和拒绝的人，并用手机拍摄视频上交老师，下节课分享。

专题4　喜欢一个人怎么办

教学目标

分层能力目标（根据学生的实际能力水平分三个层次：Ⅰ低组；Ⅱ中组；Ⅲ高组）：

（1）知道喜欢一个异性是很正常的事情（Ⅰ、Ⅱ、Ⅲ层次）。

（2）懂得异性交往的常识和原则（Ⅱ、Ⅲ层次）。

（3）在异性交往中学会自我保护（Ⅱ、Ⅲ层次）。

教学准备

多媒体课件、一段轻快的音乐、一只彩色气球。

课前智能拓展

“看图说故事”——表达与理解能力训练，可参考第五篇。

学习导入

每个人都有自己欣赏的人，这些人可能是同性，也可能是异性。你在班上欣赏的人都有谁呢？让我们来做下面的游戏吧。

热身游戏

真心真话

播放一段欢快的音乐，音乐响起，第一位同学按照座位顺序将手中的彩球传给下一位同学，音乐暂停，彩球落到谁手里，谁就需要起身对着全班同学，说说自己比较欣赏的班里的同性、异性各一名同学，并说出欣赏的原因。同学发言完毕，大家给予掌声鼓励。

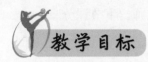

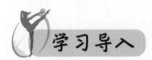

知识学堂

一、青春期异性交往的阶段

1. 疏远期

（1）对两性的差异敏感多疑，甚至焦虑不安。与异性的接触常常感到羞涩、忸怩或不自然。

（2）小时候亲密无间的异性朋友会不自然地彼此躲避，出现上学走路不同行，学习不同座，开会各一边，活动各自结伴等现象。

（3）男女同学很少在一起交谈或参加集体活动，个别男女学生在一起接触多些就会受到其他同学的嘲笑、起哄或讥讽。

2. 爱慕期

（1）对异性产生好奇心，愿意与异性同学一起学习，参加社会活动，并发展友谊。

（2）喜欢在异性面前表现自己，希望引起对方的注意和肯定。

（3）感情交流比较隐晦含蓄，常以试探性的形式进行。

（4）交往对象广泛，爱慕对象往往不是确定的、单一的。

（5）有时会出现喜欢、向往、崇拜年长异性的现象。

3. 恋爱期

（1）追求特定的异性，并喜欢与之单独在一起，享受爱与被爱的感觉。

（2）往往把恋爱看成是一种神秘的、奇妙的、难以理解的力量。对恋爱的浪漫态度，典型的表现为“一见钟情”。

（3）产生对恋爱对象的占有欲，并毫不掩饰自己的嫉妒心理，对爱恋对象与自己的同性朋友和同学接触十分不满，甚至疑神疑鬼；对自己的同性朋友和同学与自己的爱慕对象的接触既尴尬万分，又十分愤恨。

二、青春期异性交往的原则

1. 自然大方

（1）男女交往是正常的，无须紧张、害怕。

（2）对待异性同学要自然，像对待同性同学那样对待异性同学。

2. 适时适度

不过分拘谨、冷淡，也不过分随便、亲昵。

3. 集体原则

（1）避免单独和一个异性频繁接触。

（2）尽量采取集体的方式，组织一些有意义的活动，如郊游、看演出、体育运动等。

4. 尊重原则

（1）言行举止要有分寸，照顾对方感受，涉及一些敏感话题时要回避。

（2）尊重对方意愿，不随便干扰、纠缠对方。

5. 安全原则

（1）防止别有用心的人以恋爱为名与你发生性行为。

（2）不要轻易在网上结识异性朋友。

（3）与异性朋友见面前要知会家长。

感悟体验

一、心理测试：你恋爱了吗？

请对照自己的情况，符合情况的打“√”

（1）有些话要与异性讲才感觉舒服。（　　）

（2）在与异性交往中，感到紧张或不自在。（　　）

（3）总是想见一个异性。（　　）

（4）遇见有让你心神不宁的异性。（　　）

（5）经常跟某一固定异性单独出入比较神秘的场所。（　　）

（6）总是注意某一异性的动作、注意他（她）的每一个眼神，总是想接近对方，并且神魂颠倒，无心学习。（　　）

（7）很想接近异性，并与之建立朋友关系。（　　）

（8）觉得跟异性一起学习效率更高。（　　）

解读：若认同（1）、（2）、（7）、（8），则尽可能大胆交往；若认同（3）、（4）、（6），则你有可能在暗恋某一人；若认同（5），则你要注意是否在恋爱中。

二、恋爱的六个阶段

（1）乐于展示自身优点。

（2）开始接触与约会。

（3）想成为对方希望的那样。

（4）尝试接受真实的那个他（她）。

（5）分歧减少，和谐程度大大提高。

（6）嫉妒感消失。

分享与讨论：你所接触或者了解的同学、朋友、亲戚有在恋爱的吗？处在哪个阶段？请和大家分享一下。

实践运用

一、恋爱关系中的权利和义务

在恋爱关系中，双方应该是平等自愿的，每个人都有自己的权利，也有自己应尽的义务。请大家讨论一下，在恋爱关系中我们都有哪些权利和义务？

恋爱关系中的权利	恋爱关系中的义务
我有做出亲密行为的权利	如果对方不愿意，我不可以做出亲密行为
我有单独相处的权利，我可以单独去看朋友	我应该允许爱人有独处以及与朋友聚会的时间
我有权不遭殴打	我不能殴打我的爱人
我有享受伴侣对我忠诚的权利	我应该对恋人忠诚
我可以随时拒绝性关系	我对自己是否愿意接受性关系应态度明确。若爱人拒绝性关系，我应尊重其决定

二、案例分析

我好中意你……

阿梅是一名秀气的女生，在学校的一次集体活动中，阿梅和阿杰分在一个小组。阿杰是一名阳光帅气的男生。在活动中阿杰十分主动和热情，两个人密切配合，活动任务完成得又快又好。活动结束后大家留了彼此的电话号码。回到家里，阿梅满脑子是阿杰的身影，当时活动的情景一遍又一遍地在她脑海里回味。没错，阿梅已经深深喜欢上阿杰了，她好想马上再见到他。一天夜里，阿梅终于鼓起勇气，用手机打通了阿杰的电话。在接下来的几天里，阿梅又不断地给阿杰打电话。阿杰猜到了阿梅喜欢上他了，但是他并不想和阿梅继续交往。刚开始他还能耐心地和阿梅通电话，后来电话实在太多了，阿杰不得不把电话关机了。有一天早晨阿杰打开手机一看，手机里有几十条短消息，都是阿梅发过来的："我好中意你，你为什么不接我电话?"

思考与讨论：

（1）你觉得阿梅的行为适合吗？为什么？

（2）如果你是阿梅的好朋友，你建议她怎么做？

专题小结

进入青春期后，有些同学在异性同学面前会紧张，甚至不知所措；有些同学对异性产生好感甚至爱慕之情，希望进一步接近、了解对方，和他（她）在一起；还有一些同学渴望和自己爱慕的对象进行亲密接触，产生性幻想、性冲动。这些都是青春期对异性的正常心理和生理反应，不必感到内疚和羞耻。当然，我们还年轻，很多想法都是不成熟的。为了今后的健康成长，在和异性的交往中我们不能随心所欲，应该遵守一定的规则，尤其要注意把握分寸、相互尊重、保证安全。

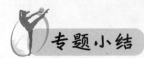

专题5　性冲动及自慰规则

教学目标

分层能力目标（根据学生的实际能力水平分三个层次：Ⅰ低组；Ⅱ中组；Ⅲ高组）：

（1）了解性冲动、自慰等性知识，掌握自慰的规则（Ⅰ、Ⅱ、Ⅲ层次）。

（2）正确对待性冲动及自慰行为，树立尊重和保护意识（Ⅰ、Ⅱ、Ⅲ层次）。

（3）初步学会应对与性有关的特殊情景（Ⅱ、Ⅲ层次）。

教学准备

匿名纸盒、课前调查，详见后面附件。

学习导入

思考问题

我该怎么办？正常吗？

前几天晚上，我做了一个“羞羞”的梦。在梦里，我牵着心爱的小梅一起走回家。后来，我在沙发上轻轻地吻了她，跟她发生了性行为。梦醒时，我发现自己遗精了。现在，我看到小梅就不由自主地想起之前的梦，自己既觉得对不起她，不敢正视她，却又觉得很刺激，甚至还会勃起。在家里，我会一边幻想跟小梅发生性行为，一边自慰。

我是不是很坏？我是不是不正常呢？我现在很苦恼，我该怎么办？

知识学堂

一、性冲动

1. 什么是性冲动?

性冲动是在性激素和内外环境刺激的共同作用下，对性行为的渴望与冲动。它常伴有生殖器官的充血以及心理上的激动和欣快，是生理和心理的综合反应。

男女性冲动引起的原因有所不同。男性的性冲动容易被视觉刺激所引起，如女性形象，或裸体的艺术品、图片等；女性的性冲动虽然也能被各种带有“性”色彩的视觉形象所激起，但她们的性冲动更易被触觉和听觉刺激所引起。

处于青春期的青少年，随着性器官的发育成熟，性冲动是青春期常见而正常的现象，不必感到焦虑或内疚。然而过分沉溺，没有自制，亦会影响日常生活。因此应避开黄色书刊、色情电影的诱惑，培养个人兴趣，并多做运动，多参与团体活动，以减少性冲动的诱发。

2. 性冲动的选择

一个人不能够控制自己的性冲动，但是可以控制自己的行为。当产生性冲动时，我们有以下选择：

(1) 可以忽视性冲动或者假装性冲动没有发生。

如果你对一个老师，或一个家庭成员或未成年人产生了性冲动，你应该忽视这种冲动。你可以找一位值得信赖的成年人谈谈这种性冲动。忽视性冲动对于有些人来说是比较困难的。他们努力假装没有性冲动，但是这种冲动总是不断烦扰他们。

(2) 只是感觉到性冲动，但不做任何事情。

产生了性冲动，并不意味一定要做什么，可以把这种感觉保留在心里面。

(3) 可以性幻想、抚摸自己或自慰。

但要注意场合，注意保护自己或他人。

(4) 可以与其他人共享亲密行为（如果对方愿意与你共享的话）。

亲密行为并不仅仅意味着性交。有些人会认为，两个人拉着手就是亲密行为的一种。也有的人觉得亲吻就是亲密行为，还有的人更喜欢一起看电影。

每个人关于可以做哪些亲密行为，不可以做哪些亲密行为，都有自己的看法和感受。永远不要让别人替你决定应该做哪些亲密行为。另外，你也不能要求别人做一些他人不愿意做的事情。每一次亲密行为都必须是双方完全自愿的。

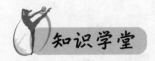

二、遗精

遗精是指在无性交情况下发生的精液通过阴茎射出体外的生理现象。人们把第一次遗精叫“首次遗精”。首次遗精是男性生殖功能开始成熟的标志，一般发生在12～18岁。

青春期的男孩会偶尔遗精

进入青春期，有的男生会遗精，有的不会。每个人遗精的时间、次数和频率会不一样。无论什么情况，都是正常的生理现象，不要担心和焦虑。

许多男生的遗精发生在睡梦中，人们也把发生在睡梦中的遗精称为“梦遗”。因为这种现象发生在睡梦中，所以男性无法控制它。梦遗是一种正常的生理现象，对身体没有任何伤害。需要时，可以向信任的成年人寻求帮助。

如果遗精次数过多，经常疲乏，影响正常的学习生活，就称为频繁遗精。为防止频繁遗精，需要做到：生殖器官局部发炎要及时就医；睡醒后及时起床；不穿紧身衣裤；不用脏手玩弄生殖器官。

温馨提示

遗精后注意事项

（1）遗精后及时擦拭精液，以免浸湿被褥。

（2）去厕所小便，及时排出残留在尿道里的少量精液。

（3）及时用清水清洗外生殖器官，以保持外生殖器官的清洁，并换上干净的内裤。

（4）及时清洗内裤，并把内裤里层朝外在阳光下晾晒。

三、性幻想与性梦

1. 性幻想

性幻想是个人在清醒状态下，通过对性内容、性背景虚构的主观想象达到性兴奋或性满足的一种方式。一个人的性幻想从青春期开始到成年后每个年龄段都有可能出现。经过科学研究发现，几乎所有人都曾有过性幻想，性幻想与性别无关，男性、女性都可能有性幻想。

性幻想的内容因人而异，千奇百怪，与道德无关，属于个人隐私。因此，坦然地接受它，不要因此自责、自卑，更不要因此感到羞耻。但切忌把性幻想当成现实或付诸行动。如果沉浸在性幻想中，影响了日常的学习和生活，那就需要适当控制一下。可以通过阅读、听音乐、体育运动或开发其他兴趣等方式减少性幻想的时间或频率。最好不要与别人分享性幻想的对象，也不要随意打探别人的性幻想，这是对他人的尊重。

2. 性梦

性梦是指在睡眠中出现带有性色彩的梦境，如与喜欢的人亲吻、拥抱、爱抚等。有些人伴随梦境，会产生一些身体上的反应，如男性阴茎勃起，女性阴道湿润等。

性梦是梦境，不是现实，它与道德无关，因此不必害怕和内疚。性梦是个体性生理、性心理发育的正常表现，对人的身体和心理没有伤害。科学研究表明，男性和女性都有可能做性梦，男性比女性要多。尽管做性梦是普遍现象，但目前并没有研究确定每个人在青春期都会做性梦，因此，进入青春期后，没有性梦也是正常的。

性梦是个人隐私，我们要学会尊重他人。不能打听，也不要议论别人是不是做了性梦。

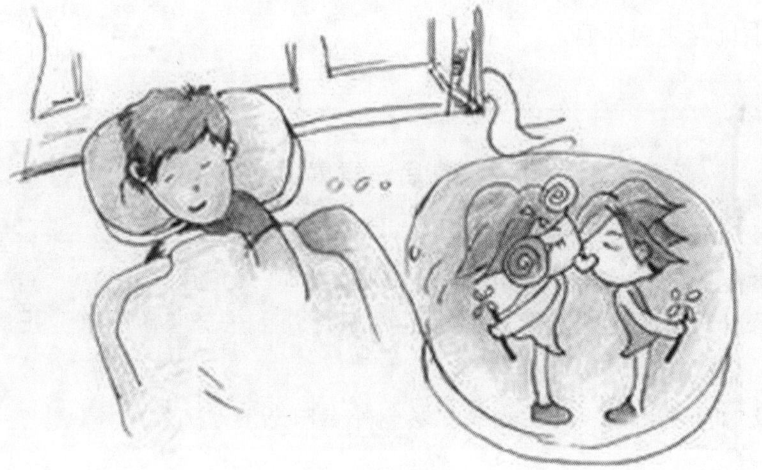

四、自慰

进入青春期，有的人通过摩擦、抚弄或其他方式刺激生殖器官，让身体获得舒服的感觉。我们把这种行为称为自慰。自慰是一种只有自己参与，不涉及他人的自体性行为。科学研究表明，无论男女，大多数人在其一生中的不同阶段都有自慰行为。

每个人的自慰频率不相同，而不管有没有自慰，都是正常的行为。是否自慰，是个人的选择，与道德无关。我们应该尊重每个人的选择，不要鄙夷有自慰行为的人，也不要取笑没有自慰行为的人。

健康安全的自慰可以帮助我们缓解性欲，释放性压力，它对身体并无任何伤害。当然，如果自慰过于频繁，或者方式不当，也会对身心健康产生不利的影响。

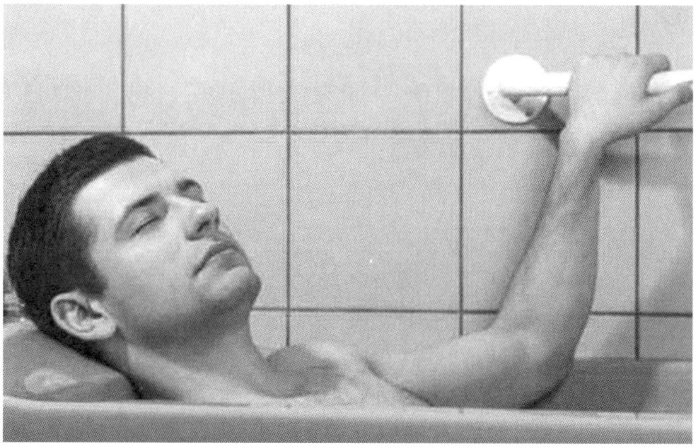

自慰是隐私行为，在保护自己隐私的同时，也要尊重他人，需要遵守以下规则：

（1）自慰应该在家中的隐私场所进行，比如自己的卧室或洗手间，并且关好门、拉严窗帘。

（2）自慰是隐私行为，应该一个人完成，不能在他人面前自慰，自慰时不要让他人看见，无论对方是谁。若有人在你面前自慰，无论对方是谁，要坚定说“不”，及时离开，并把情况告诉警察或其他值得信赖的成年人。

（3）不在公共场所自慰。在公共场所自慰会对别人造成骚扰，是不好的行为。若是在公共场所发现别人自慰，可以及时离开，也可以告知相关管理员或值得信赖的成年人。

（4）不打听别人是否自慰，也不要在公共场所与家人、朋友或陌生人讨论自慰。可以在隐私场所与医生、父母或其他合适的人讨论自慰。

温馨提示

自慰注意事项

（1）自慰前后，清洗双手。

（2）自慰时，不把不干净、不安全的物品放入阴道或尿道。

（3）自慰后，及时清洁身体，保持卫生。若内裤、床单或被套弄脏后，也要及时清洗、晾晒。

（4）自慰时用力过猛导致疼痛甚至流血时要及时告知父母或其他值得信赖的成年人，及时就医。

感悟体验

现在，请谈谈你对学习内容的想法。如果觉得不好意思，你可以把自己的观点或疑问写在统一的纸上，投入匿名纸盒里。

实践运用

每个同学抽到一张“情景应对”纸条，根据上面的情景，运用所学知识，说说如何应对。

情景应对

应对与性有关的特殊情景

情景1：你在课室里看到小梅产生了性冲动，你该怎么做？

情景2：被同学发现了你的冲动反应如勃起，你该怎么应对？

情景3：回家的路上，有同学想跟你讨论一下自己性幻想的对象，你该怎么做？

情景4：如果有人指责你做了性梦很下流，很不道德，你该怎么办？

情景5：在公园里，你发现有人在自慰，你该怎么办？

情景6：如果你觉得性冲动或自慰行为影响了自己正常的学习或生活，你该怎么处理？

教师和助教可以协助扮演情景中的角色。学生轮流进行情景应对，针对不同学生的能力水平，注意指导学生树立正确的观念以及尊重别人、保护隐私意识，提升应对特殊情况的处理能力。

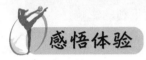

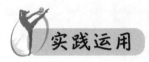

专题小结

希望通过本专题学习，同学们能够了解和掌握有关性的一些科学知识，正确对待性冲动、性幻想、梦遗、自慰等各种性生理、性心理现象，减少不必要的担忧和疑虑。同时，也学会保护身体，更好地尊重自己和他人。

附：课前调查

请对以下描述的内容做出自己的判断。在你认为正确的内容后面的括号内打√；在你认为错误的内容后面的括号打×。

（1）性幻想是正常的。（　）

（2）每个人都会做性梦。（　）

（3）做了性梦会给身体和心理带来伤害。（　）

（4）如果一个人做了性梦，说明他（她）的道德有问题。（　）

（5）自慰是很不好的行为。（　）

（6）有没有自慰都很正常。（　）

（7）所有人的自慰频率是一样的。（　）

（8）一个人可以在公交车上自慰。（　）

（9）我们可以打听、议论或嘲笑别人的性幻想或自慰行为。（　）

（10）如果我们对性冲动或自慰行为有疑问，可以向父母请教。（　）

专题6　为亲密行为做决定

教学目标

分层能力目标（根据学生的实际能力水平分三个层次：Ⅰ低组；Ⅱ中组；Ⅲ高组）：

（1）了解亲密行为，掌握理性做决定的各个步骤（Ⅰ、Ⅱ、Ⅲ层次）。

（2）树立保护意识，学会对自己和他人的尊重（Ⅰ、Ⅱ、Ⅲ层次）。

（3）初步掌握做出理性决定的技巧（Ⅱ、Ⅲ层次）。

课前智能拓展

“鉴貌辨色3”——感觉认知训练，可参考第五篇。

学习导入

1. 同心圆游戏

规则：（1）所有学生围成一个同心圆。

（2）全体向右转，将双手搭在前方同学的肩膀上。

（3）接着请每位同学用你的脚尖顶住你前面队员的脚跟。

（4）待老师发出“坐”的指令，所有学生同时慢慢向后坐。

（5）待所有学生坐下后，全体向前行进。

2. 讨论

（1）在刚才的游戏里，你是否感觉到不好意思？同学间的肢体接触有没有让你感觉到不舒服、不适应？

（2）你做出了什么选择？

（3）这个选择带来了哪些结果？

（4）你对这个决定满意吗？

（5）这对你有什么启发？

知识学堂

一、学会做决定

我们每天都会做许多决定。比如决定穿哪件衣服，吃什么东西，和谁交朋友等。很多事情很容易做决定，如想看电视——只要打开电视找到自己喜欢看的内容就可以了。但也有一些事情是很难做决定，因为这些事情比较重要，或者比较难选择，例如，我是否应该邀请某人去约会？我是否答应成为某人的男/女朋友？我要跟他（她）接吻吗？

当我们面临一些重要的抉择时，我们也需要听听别人的意见，比如听听父母的意见，听听老师的意见，听听其他值得信赖的人的意见。

所有的决定都会产生结果，正确的决定会保护自己，错误的决定会伤害自己。因此，做决定时要多思考，把做决定的过程分解成小步骤，学会做出正确的决定。

二、做决定九步法

第 1 步：放松心情。

做一个深呼吸，深深地吸入一口气，慢慢地把气呼出来。

第 2 步：给自己打气。

对自己说：“我一定做得到，我能解决它。”或者“如果需要，我能找到援助。”

第 3 步：确定问题。

问问自己：“问题出在哪里？”弄清楚需要做出决定的问题或情况，知道其性质和内容是什么。

第 4 步：列举面临的选择。

将所面临问题的种种可能解决方式列举出来。尽可能搜集附加信息，以帮助对各种选择进行仔细考察和比较。

第5步：分析每个选择可能带来的结果。

列举所有可能的结果，包括每个选择都要设想出积极的和消极的结果。

第6步：确定对你最重要的是什么。

这一步可能要考虑一些你为人处事的信条，考虑是否每项选择都与你个人及家庭信条相符，考虑自己是否能承受每个选择带来的后果。

第7步：做出决定。

经过对每项选择的仔细考虑和筛选之后，选择对自己最好的一项。

温馨提示

做负责任决定指南

在做决定的时候，需要注意以下六点：

(1) 这样做，对自己是健康的吗？

(2) 这样做，对自己是安全的吗？

(3) 这样做，违反法律或法规吗？

(4) 这样做，是尊重自己和他人的吗？

(5) 这样做，遵守了家庭规矩吗？

(6) 这样做，体现了自己良好的品格吗？

第8步：实施该决定。

有时需要把目标分解成若干个小步骤，制定各个小步骤完成的时间、目标内容和采取的措施。

第9步：评价该决定。

经过一段时间后，考虑一下该决定的优劣。你对结果满意吗？你还会做出类似的决定吗？如果不是的话，什么样的决定更好？自己可以做哪些事情来调整补救？

三、为亲密行为做决定

亲密行为包括两性之间的牵手、拥抱、亲吻、抚摸和性交等行为。在进行这些亲密接触时，需要考虑这种亲密接触是否是双方都想要，并独立做出选择。独立选择意味着某人并非受到另一人威胁、操控或强迫，这也意味着这是在头脑清晰时做的选择，而不是受到酒精或毒品的麻醉而做出的决定。

有时，双方都希望做同样的事情，有时各人想要不同的接触或其中一方并不肯定是否想做同样的事情。当两个人在一起时，双方对亲密有不同的期待是很正常的。只要没有撒谎、不平等的压力或操控，彼此关爱另一方，提出倡议的一方做好可能被拒绝的准备，这就没什么不平等了。

双方都想要并独立做出选择的亲密接触对双方而言都是愉悦的，这种亲密是基于双方关爱、信任和尊重的基础之上的。亲密接触只有在不受外部压力和内部疑虑影响时，感觉才是最好的。

感悟体验

练习应用

做决定

让我们来练习一下怎样做决定吧。

第1步：放轻松，做几个深呼吸。深深地吸气，轻轻地呼气。

第2步：大声地对自己说："我一定能解决它！"

第3步：用一句话写出你目前需要做出决定的问题。

____

第4步：列举该问题的所有可能解决方案。如果解决方案超出3种的话，另找纸张列明。

方案1：______________________________

方案2：______________________________

方案3：______________________________

第5步：将每个方案的积极和消极结果写出来。有需要可另找纸张列明。

方案1：积极的结果是：______________________________

消极的结果是：______________________________

方案2：积极的结果是：______________________________

消极的结果是：______________________________

方案3：积极的结果是：______________________________

消极的结果是：______________________________

第 6 步：列举可能影响决定的个人及家庭信条。如需要，可在另找纸张列明。

1. ____________________

2. ____________________

3. ____________________

第 7 步：到现在为止，你已经仔细考虑了每项选择的利弊。写出你认为最好的决定。

____

第 8 步：实施该决定的过程需要做些什么？写下你的行动计划。如需要，可另找纸张列明。

____

____

____

____

____

____

第 9 步：过一段时间再评价你现在的决定吧。请根据实际情况评估：当时，我的决定是正确的或错误的？我对这个决定满意或不满意？

教师和助教可以指导学生按步骤进行，适当给出建议，并参与讨论。

实践运用

应用理性决策的技巧解决实际问题。

（1）小明非常喜欢小红，但小红好像根本没有注意到他。如果你是小明，你会做出什么决定？为什么？

（2）萱萱和浩浩交往半年了。浩浩一直很想与萱萱发生性关系，但萱萱觉得自己还没有准备好。每次他们在一起时，浩浩都会给萱萱施加压力，希望萱萱能改变心意。萱萱不想失去浩浩，她一直很纠结。如果你是萱萱，你该怎么办呢？如果你是浩浩，你会如何处理？

专题小结

在生活中，每项决定都会带来一个结果，可以是好的、坏的或者两者兼有。要做出一个正确的决定的是需要时间考虑和经验的积累。在对亲密行为做出选择和决定的时候，我们需要用谨慎的态度仔细衡量，以求做出无悔的选择，更好地保护自己！

家庭作业

（1）与父母探讨自己的决定类型以及家庭准则。

（2）听听父母的故事，比如父母以前做了哪些骄傲的决定或后悔的决定，带来了哪些结果，当时又是什么因素影响了他们的决定。

第五篇 综合智能训练

智能是个体对客观事物进行认知判断、合理分析及有目的的行动和有效处理周围环境事务的综合能力。它不仅是我们完成学习活动的必要条件，也是从事社会实践活动的根本保障。智能是多种能力的综合，持续和针对性的训练可以在一定程度上提升智能水平，改善智能结构。因此，在中职启能班的健康教育课堂中，我们坚持开展形式多样、内容丰富的综合智能训练活动，不仅提高学生的学习兴趣和专注力，同时也有助于对健康知识的认知理解和保健方法的学习掌握，促进了学生的身心全面健康发展。

本篇是我们结合中职启能班学生的实际，设计编制包含注意、观察、记忆、思维、表达与理解、精细动作、感觉认知、专注协调、手脑联动和团队协作等十种智能训练项目方案，每种智能训练包含三四个不同活动可供选用，并且不同活动和任务有不同的难度区分，适合学生的个体差异。本篇也是本书的一大特色，实操性强，特教老师可以在课堂中直接应用，希望对提升特殊学生的综合智能有所帮助。

专题1　注意力训练

活动一：趣味西游

活动目标

通过活动训练学生的注意力和快速反应能力。

活动准备

（1）唐僧师徒四人的动作造型图。

（2）可供学生活动的场地。

方法步骤

（1）出示唐僧师徒四人的动作造型图，教师示范，并结合口令做讲解说明。

（2）教师喊口令，学生进行活动练习。

（3）学生面对面站好，教师喊口令，学生根据口令做造型。教师可根据实际情况加快口令速度。

注意事项

（1）口令示范：唐僧、沙僧、八戒、悟空、悟空、悟空、八戒、唐僧……

（2）根据学生完成任务速度、质量的差异，依等级给予相应的评价及鼓励。

活动图示

唐僧动作造型要领：双手合掌，口念“阿弥陀佛”。

孙悟空动作造型要领：右手于额前作张望状，右脚盘起弯曲。

猪八戒动作造型要领：食指放在嘴边，咧嘴笑。

沙僧动作造型要领：两手作呼喊状，念：“大师兄，师傅被妖怪抓走了！”

活动二：目光追视练习

活动目标

通过活动训练学生注意力的稳定性。

活动准备

（1）挑选各种图案，图形可从简单到复杂，制成任务页。

（2）准备彩笔若干和欢快的背景音乐。

方法步骤

（1）出示任务页，指导阅读任务要求，适当进行讲解。

（2）指导学生根据不同的任务要求，完成三种不同难度的练习。

注意事项

（1）任务1、2、3的要求和难度不同，教师可以根据学生的实际能力水平布置不同的任务，也可按照顺序进行。

（2）不使用工具的任务，教师需要跟进提醒和督促。

（3）根据学生完成任务的时间、速度、质量的差异，给予相应的评价、指导及鼓励。

任务样式页1

（一）小鸡找妈妈

【任务要求】

使用彩笔在图片中画出小鸡找到鸡妈妈的路线图。

（二）熊猫吃竹子

【任务要求】

使用彩笔在图片中画出熊猫吃到竹子的正确路径图。

任务页样式 2

小狗找骨头

【任务要求】

在不使用手指、笔等工具的帮助下，利用视线追视确定小狗找到骨头应该走哪条路。

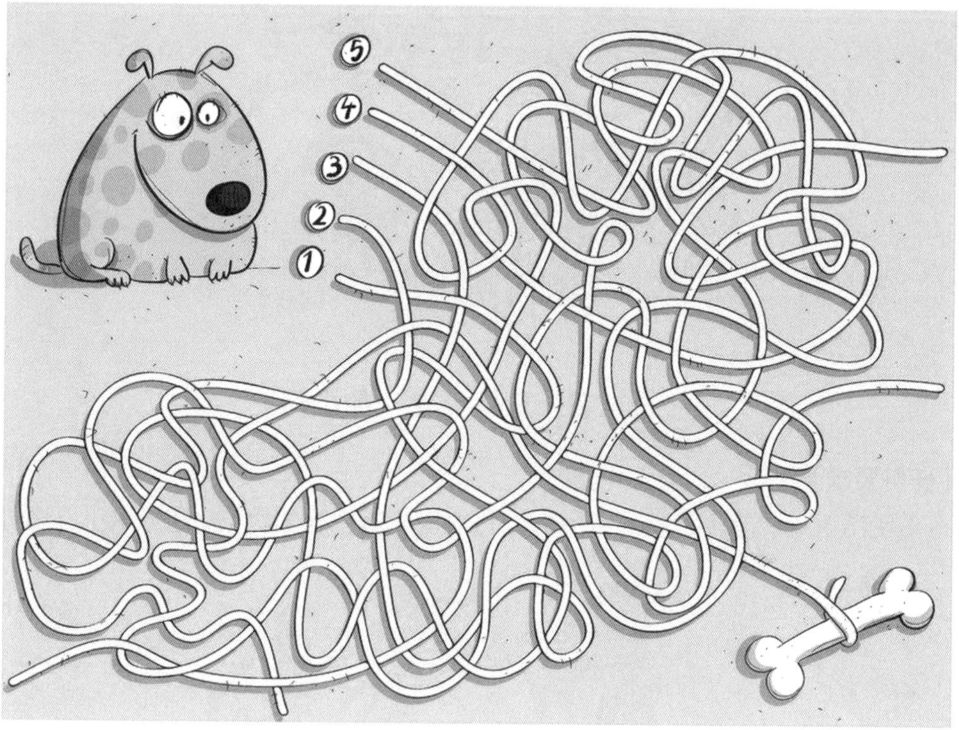

任务页样式 3

（一）五只长颈鹿的身体在哪里

【任务要求】

在不使用手指、笔等工具的帮助下，利用视线追视确定 A、B、C、D、E 五只长颈鹿对应的身体数字。

A 对应（　　）　　B 对应（　　）　　C 对应（　　）

D 对应（　　）　　E 对应（　　）

（二）哪一只是“我”的小狗

【任务要求】

在不使用手指、笔等工具的帮助下，利用视线追视确定妈妈、爸爸和儿子的小狗。

妈妈的小狗是（　　）　爸爸的小狗是（　　）　儿子的小狗是（　　）

活动三：舒尔特方格游戏

活动目标

通过活动训练学生注意力的集中、分配和控制能力。

活动准备

9 格、16 格、25 格舒尔特方格表若干。

方法步骤

（1）教师先做讲解、示范、组织，根据学生的能力水平两两分组。

（2）给每个小组分发 9 格、16 格、25 格舒尔特方格表各 1 份。

（3）在指定时间内（如 1 分钟），学生按照教师示范的步骤进行 9 格练习。

（4）分组练习 16 格、25 格舒尔特方格表，一名同学按顺序指出对应数字并读出来，另一名同学负责计时；多次进行，对比前后成绩差异。

（5）教师组织 25 格舒尔特方格游戏[①]，进行个人赛，并记录时间。

注意事项

（1）游戏过程中应提醒学生眼睛距表 30～35 厘米，视点自然放在表的中心，在所有字符全部清晰入目的前提下，按顺序进行游戏。

（2）根据学生的实际，表格选择从简单到复杂，采用不同形式和规则组织活动和比赛，激发学生的兴趣，提升训练水平。

（3）对于注意力水平较强的学生，可适当增加难度，比如 36 格数字表或者是文字表等其他形式。

---

① http：//www. 4399. com/flash/84610_ 3. htm

（4）教师应根据学生的实际水平等级和进步情况给予相应的鼓励和指导。

活动图示

4	8	2
6	7	9
5	1	3

舒尔特方格（9格）

10	14	2	12
4	8	7	13
5	6	9	1
3	16	15	11

舒尔特方格（16格）

3	19	14	7	13
20	10	21	18	25
15	1	16	24	12
6	5	8	22	2
11	17	23	9	4

舒尔特方格（16格）

活动四：抓逃手指游戏

活动目标

通过活动训练学生的注意力及反应能力。

活动准备

（1）小故事《乌龟和乌鸦》。

（2）可供学生活动的场地。

方法步骤

（1）学生面对面围成一圈，双臂向两侧自然伸开，右手握拳，只伸出食指，指向右边，左手手掌展向左边。

（2）每个人右手的食指抵到右边同学左手的掌心下，左手的掌心放在左边同学的右手食指上，依此类推。

（3）教师开始讲《乌龟与乌鸦》的故事，当故事中出现“乌鸦”时，所有同学都要用左手尽量去抓相邻的左边的人的食指，同时尽量让自己的食指不要被右边的人的手掌抓住。

注意事项

（1）教师在讲故事过程中，当讲到“乌”时，要掌握表达技巧，设法误导学生，创设出错的机会，以此训练学生的专注力。

（2）活动过程中，教师要提醒学生注意保持安静，抓手指时力度适中，避免损伤。

《乌龟与乌鸦》故事模版 1：

森林里有一间小小的城堡，里面住着可怕的巫婆和她的仆人乌鸦。有一天，天上飘来一片片乌云，转眼间就乌黑乌黑的，什么也看不见，不一会儿就下起了大雨。在狂风暴雨中，巫婆听到有人在敲门，开门一看，原来是一只乌龟，还有一只乌贼。它们要求巫婆让它们进屋。巫婆同意了，可是乌鸦不同意，它和乌龟是多年的夙敌。雨越下越大，大家也越吵越凶，乌贼指着乌云对巫婆说："雨这么大，乌鸦却不让我们进去，我和乌龟都会生病的，再不开门，我一定会让你的城堡变得乌烟瘴气。"最后，巫婆还是没有给它们开门。没多久，雨停了，太阳出来了，乌云也散了，巫婆和乌鸦这才打开门，看见乌龟已经冻得缩成一团。

《乌龟与乌鸦》故事模版2：

从前，有个乌山头住着一位巫婆，巫婆养了一只乌鸦和乌鸦的朋友乌龟。住在同一个屋檐下，乌鸦常常问乌龟一些奇怪的问题，乌龟常常无法回答乌鸦的问题，只好求助他的朋友乌贼，所以也难不倒乌龟。

有一天，乌鸦、乌贼、乌龟相约吃宵夜，乌鸦点乌龙面，乌龟点乌骨鸡，乌贼只点乌龙茶。乌龟问乌鸦："乌龙面好不好吃？"乌贼说："看起来好像不怎么好吃。"乌鸦回答乌龟："可能乌骨鸡比较好吃。"吃饱之后，乌龟、乌贼、乌鸦到海边散步。原来这年头乌鸦也能和乌贼、乌龟成为好朋友！

活动图示

专题2　观察力训练

活动一：幻眼世界

活动目标

通过活动训练学生从不同的角度感知观察对象。

活动准备

心理双歧图若干。

方法步骤

（1）教师展示若干双歧图，学生观察分辨图片上看到的图像有哪些。

（2）教师给每个小组发放若干双歧图，学生分小组快速辨别出其中图像，计时计量评分。

注意事项

（1）小组做任务时，教师需加强巡视，指导学生进行组内互助，力求每个学生都能正确辨图。

（2）根据学生完成任务的时间、质量的差异，给予相应的指导和鼓励。

活动图示

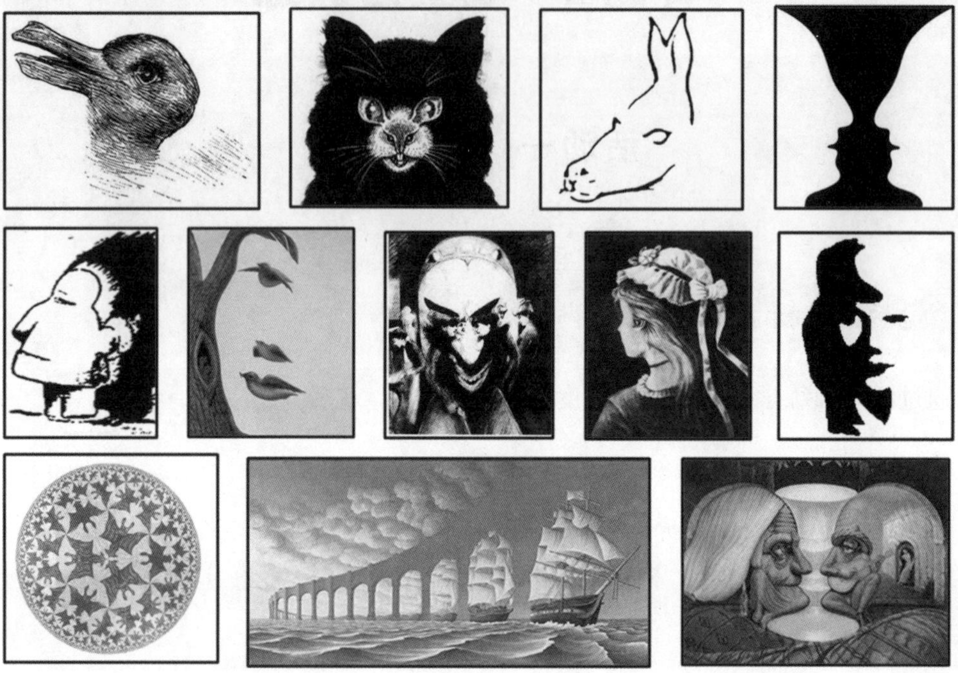

活动二：找不同

活动目标

通过活动训练学生观察对比的能力。

活动准备

收集各种找不同图片、制作 PPT 课件。

方法步骤

（1）教师出示图片，让学生找出两幅图片中不同的地方。

（2）学生发现不同的地方可以举手示意，教师让其到图片前面指出，并用语言表达出不同的地方。

（3）如果没有找齐，教师可以适当提醒还有多少个不同。实在找不出来，教师可以公布答案。

注意事项

（1）训练的难度可根据图片的复杂程度和不同数量来调整。

（2）活动可全班一起找，也可组织比赛。

（3）学生每找出一个不同给予一枚印章奖励。对于不主动参与的或找不到的同学，可以单独训练并给予鼓励。

活动图示

该睡觉啦 ★★★★★

天黑了，月亮出来了，小鸭子该睡觉啦。请你对比左右两幅图，找出5处不同。

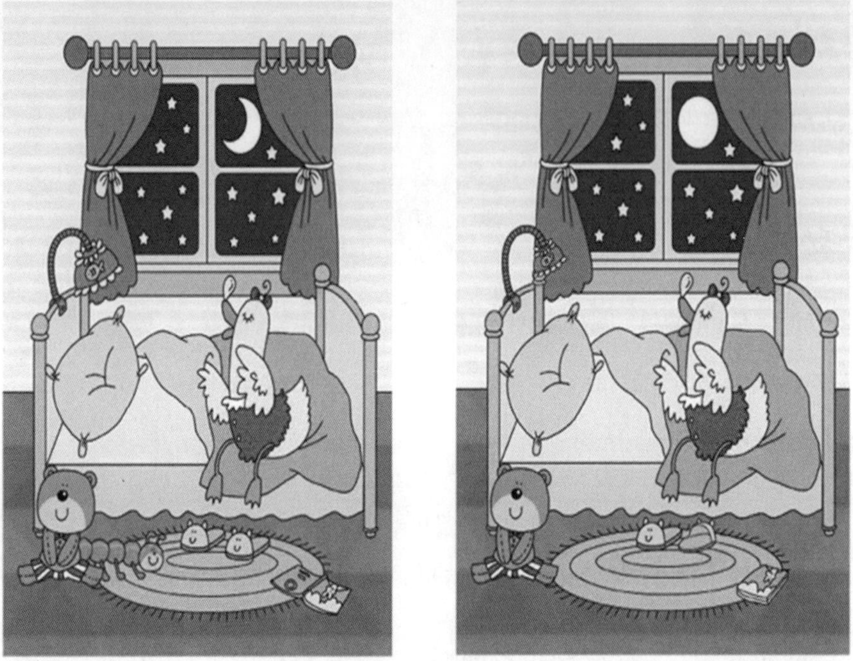

a b c d e
f g h i j
1 2 3 4 5 6 7 8 9 10
340
185
340
180

活动三：火眼金睛

活动目标

通过活动训练学生观察能力的目的性和细致性。

活动准备

（1）挑选若干图片制成初阶、中阶、高阶三种不同水平的任务页

（2）彩笔若干。

方法步骤

（1）教师讲解任务要求，学生按照要求快速在任务页上圈出“隐藏的物体”。

（2）教师对各个学生完成情况进行计时，并根据各小组的正确率计分，最后采用积分制计算小组得分。

注意事项

（1）初阶版要求每位学生独立完成。

（2）中阶和高阶版可采取竞赛或小组合作的方式完成。

任务页样式1

火眼金睛初阶版

【任务要求】

在图片中快速找出指定的物体，并用彩笔圈出来。

找出隐藏的乌鸦

找出小猫

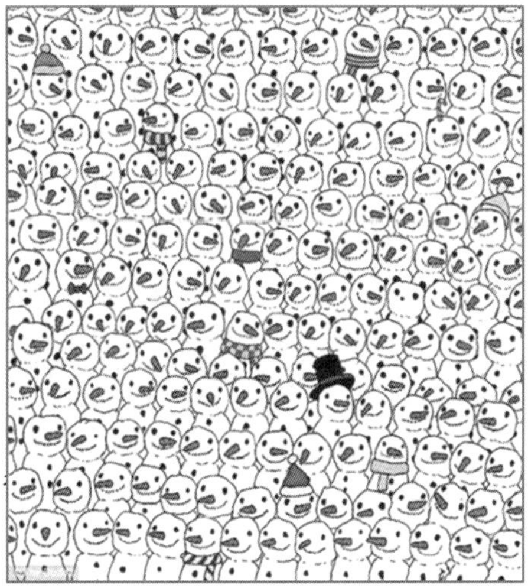

熊猫在哪里

小鱼儿躲哪了

参考答案：

隐藏的乌鸦

小猫的位置

熊猫在这里

小鱼儿躲在这

任务页样式 2

火眼金睛中阶版

【任务要求】

请在图片中快速找出指定的物体，并用彩笔圈出来，越多越好。

你能找出多少张人脸

图片中隐藏了多少张人脸

参考答案：

任务页样式3

火眼金睛高阶版（一）

【任务要求】

请在图片中快速找出指定的物体，并用彩笔圈出来。

火眼金睛高阶版（二）

【任务要求】

请在图片中快速找出指定的物体，并用彩笔圈出来。

火眼金睛高阶版（三）

【任务要求】

请在图片中快速找出指定的物体，并用彩笔圈出来。

比一比，看谁找出来的动物种类多一些。

请写出找到的动物名称：

参考答案：

火眼金睛高阶版（一）答案

火眼金睛高阶版（二）答案

服饰混搭的一天
雨伞
蜡烛
杯子
鱼
梯子
牙刷
月牙儿
叶子
铲子
袜子
你能找到这些藏起来的东西吗?
蛇
皇冠
一块蛋糕
窗户
哑铃
图钉
苹果
棒棒糖
帆船
楔形奶酪
2

火眼金睛高阶版（三）答案

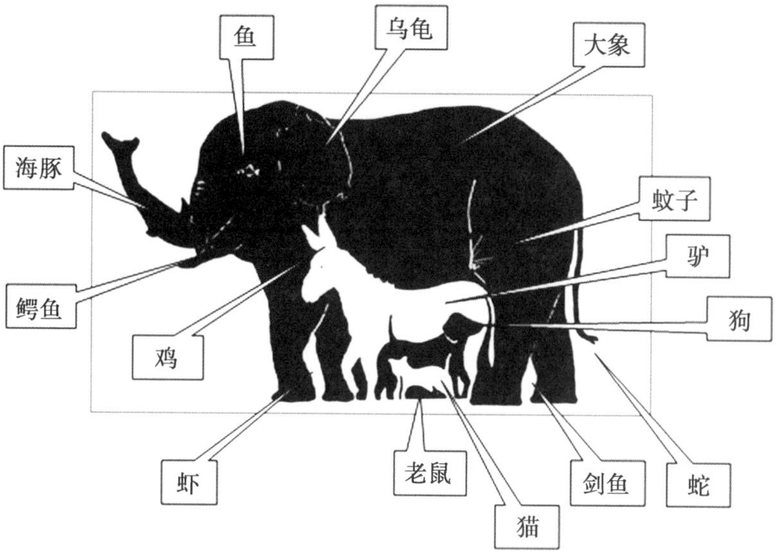

活动四：大家来找茬

活动目标

通过活动训练学生的观察能力。

活动准备

适合活动的场地。

方法步骤

（1）教师将学生每两人分为一组，要求学生面对面站着或坐着。

（2）活动开始后，教师请每个学生仔细观察对方的表情、身体、服饰等方面的特征，观察时间为30秒。

（3）观察结束后，双方均向后转，背对对方，调整各自表情、身体、服饰等方面的特征，共计3处。

（4）调整完成后重新面对面，各自说出对方改变的地方有哪些，由对方确认正确与否并计分。

（5）采用车轮方式交换观察对象，进行2～3轮，结束后教师组织学生分享“我是如何观察对方的”。

注意事项

（1）训练的难度可通过增加改变的细节数量来实现。

（2）学生完成活动后，教师应及时组织学生进行观察经验的总结，以便日后在生活中的应用。

活动图示

专题3　记忆力训练

活动一：数字速记

活动目标

通过活动训练学生的专注力、观察力和快速记忆能力。

活动准备

（1）制作闪记数字课件若干（每组10个数字，以1秒/个的速度呈现）。

（2）制作听读数字录音若干（每组10个数字，以大于或等于1秒/个的速度报读）。

方法步骤

（1）教师讲解数字闪记要求，训练开始后，教师每次呈现1组数字，每组数字结束后，学生依次将数字填写在任务卡上。

（2）教师播放听读数字的录音，每组数字听读结束后，学生将数字依次填写在任务卡上。

（3）训练结束后，教师组织学生归纳总结此部分的有效记忆方法。

注意事项

（1）数字闪记可通过适当增减闪记数字的数量来增减难度，适合不同学生。

（2）听读数字可通过增减速度、听读数字的数量或位数来增减难度。

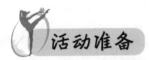

（3）根据学生完成任务的时间、质量的差异，依等级给予相应的评价及鼓励。

闪记数字任务卡样式：

班级：________ 姓名：________ 时间：________ 成绩：________

评语：____

第一组：_____ _____ _____ _____ _____ _____ _____ _____ _____ _____

第二组：_____ _____ _____ _____ _____ _____ _____ _____ _____ _____

第三组：_____ _____ _____ _____ _____ _____ _____ _____ _____ _____

第四组：_____ _____ _____ _____ _____ _____ _____ _____ _____ _____

第五组：_____ _____ _____ _____ _____ _____ _____ _____ _____ _____

听读数字任务卡样式：

班级：________ 姓名：________ 时间：________ 成绩：________

评语：____

第一组：_____ _____ _____ _____ _____ _____ _____ _____ _____ _____

第二组：_____ _____ _____ _____ _____ _____ _____ _____ _____ _____

第三组：_____ _____ _____ _____ _____ _____ _____ _____ _____ _____

第四组：_____ _____ _____ _____ _____ _____ _____ _____ _____ _____

第五组：_____ _____ _____ _____ _____ _____ _____ _____ _____ _____

活动二：玩转数字空间

活动目标

通过活动训练学生的空间记忆能力及记忆的广度。

活动准备

制作数字空间图若干张。

方法步骤

（1）教师先讲解活动规则并将学生每两人分为一组，每组派发 16 张数字空间图（含 8 张空白表）。

（2）活动开始后，按照 1—9 的顺序，一个学生识记每张数字空间图的情况，另个一学生负责计时。

（3）每张空间图识记结束后，负责识记的学生依顺序快速在空白表填下对应的数字，另一学生负责计时。

（4）每人 4 张数字空间图，交替进行，并记录每次的用时和正确率。

注意事项

（1）每张数字空间图可重复多次使用，同一张图学生多次练习后可对比前后的成绩差异。

（2）根据学生的表现和进步情况，教师应及时给予相应的鼓励和指导。

（3）教师可根据学生的能力水平，适当增减识记的数字个数。

活动图示

数字空间图及空白表样示：

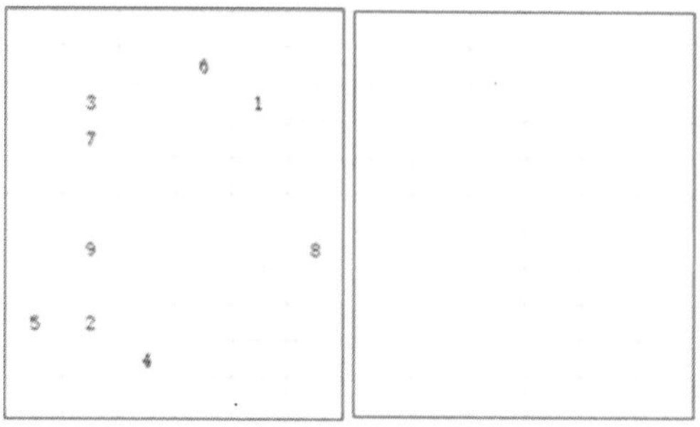

示例 1

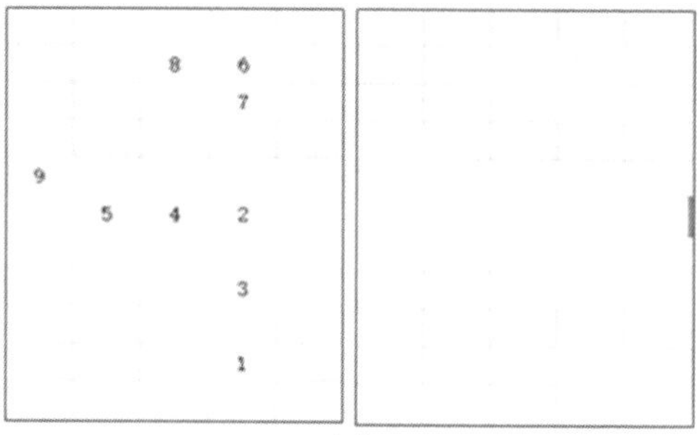

示例 2

活动三：图像记忆大挑战

活动目标

通过活动强化学生的观察力及记忆力。

活动准备

制作或搜集图像记忆图若干。

方法步骤

（1）教师依次呈现不同记忆难度的图像，时间为 10 秒～2 分钟不等，学生观看后按要求回答问题。

（2）教师依次呈现不同的图像，时间为 1～3 分钟不等，学生观看后在任务卡上画出图片中的影像或描述图片中的细节。

注意事项

图像记忆图可根据图像的复杂程度按不同的时间呈现，原则上越复杂的呈现的时间越长。

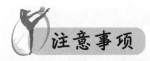

任务页样式 1

图像记忆大挑战 1

【任务要求】
观看图片后请快速回答下列问题。

问题：
右图中共有（　　）种小鸟，
米黄色小鸟（　　）只，
左上角的小鸟是（　　）色，
（　　）色的小鸟数量最多。

示例 1

示例 2

示例 3

问题：
左上图中共有（　　）个学生，
他们穿了（　　）种颜色的衣服，
共有（　　）个人戴帽子，
共有（　　）个男生，
穿绿衣服的学生是（　　）头发。

问题：
右上图中钟在哪个位置？
红色背景上的单词是什么？
钟表显示的什么时间？
文件柜有几格？
墙上的画画的是什么？

任务页样式2

图像记忆大挑战2

【任务要求】

1. 观看图片后请尽可能多地回忆图片中的细节，并将其画出来。

2. 观看图片后请尽可能多地回忆图片中的细节，并描述出来。

图片中的小女孩有以下特征：________
____
____
____
____

在刚才的书房中，我看到：________
____
____
____
____

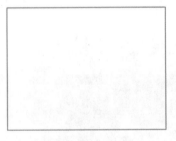

专题4　思维能力训练

活动目标

通过活动训练学生的类比、归纳、推理、判断、创新、应变等思维能力。

活动准备

（1）根据训练的项目，挑选与学生智力水平相当的思维训练活动和题目（可根据题目具体的情况制作任务卡）。

（2）学生每人1支笔、白纸若干。

方法步骤

（1）教师根据题目类型通过课件或任务卡形式展示思维训练的题目。

（2）学生根据具体题目的要求进行思考和回答。

注意事项

（1）活动一、活动二可制成任务页让每个学生单独完成。

（2）活动三部分题目可采用接龙、小组合作等形式进行。

活动一：类比归纳

1. 如果“铁锹”与“挖掘”搭配，那么，“刀子”与下列的“（　　）”搭配。

A. 琢磨　　B. 切割　　C. 铲除

2. 如果“大大小小小大小小大”对应“221112112”，那么，“大大小小大小小大小”对应下列的“（　　）”。

A. 221221112　　B. 221121121

C. 112212211　　D. 212211212

3. 以下四个图形，（　　）适合填在空白处。

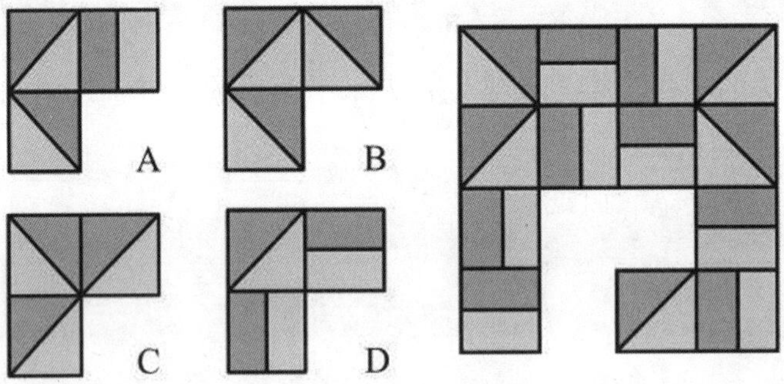

4. 下图中的9个数字，与众不同的数字是（　　）。

5. （　　）与其他几项不是同一类。

A. 桃花　　B. 茉莉花　　C. 腊梅

D. 棉花　　E. 君子兰

6. 饭锅、汤勺、煤气炉、砧板、锅铲都是（　　）。

A. 劳动工具　　B. 厨房用具

C. 清洁用品　　D. 餐具

活动二：推理判断

1. 立方体侧面有 3 条线，请你说出哪条线与竖线垂直，哪条线是斜着的。

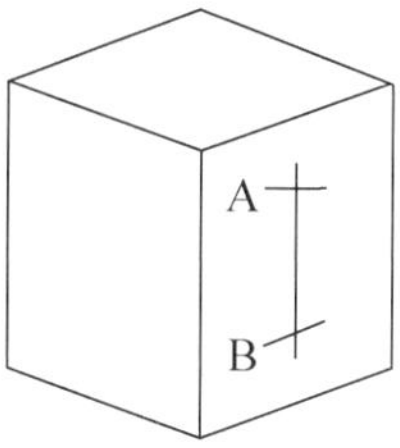

2. 请根据孩子的动作姿势，说出每个孩子分别在做什么运动。

3. 下列图形中，哪一个图形与其他的不同？

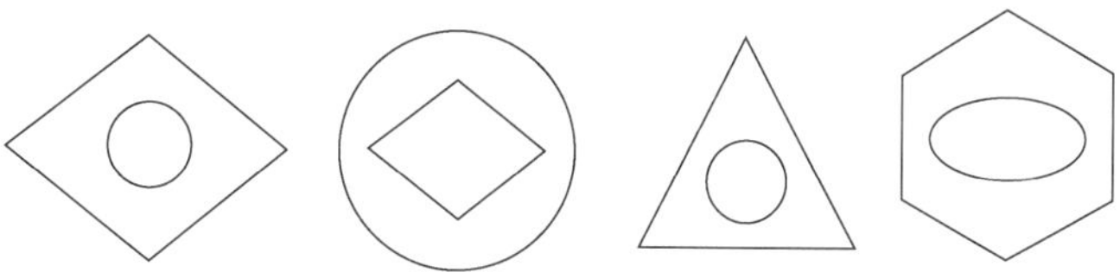

A　　B　　C　　D

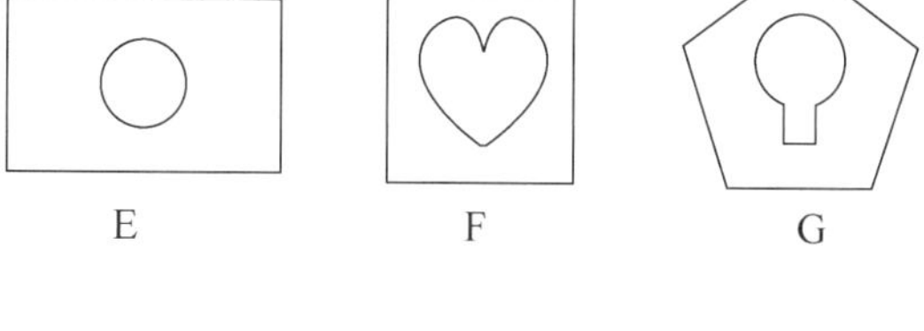

E　　F　　G

4. 左下图中的哪个图形可以放入右下图中的问号处？

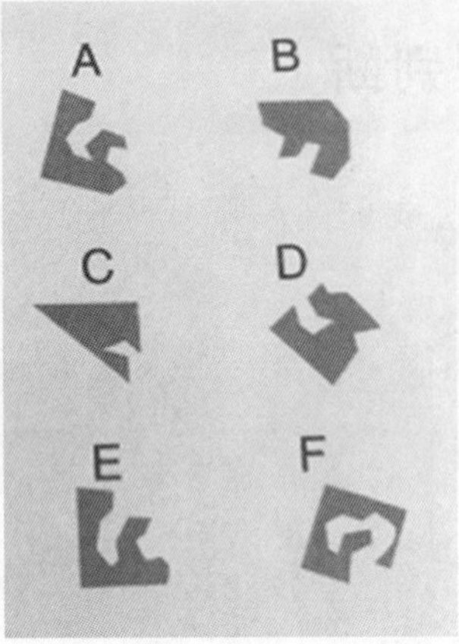

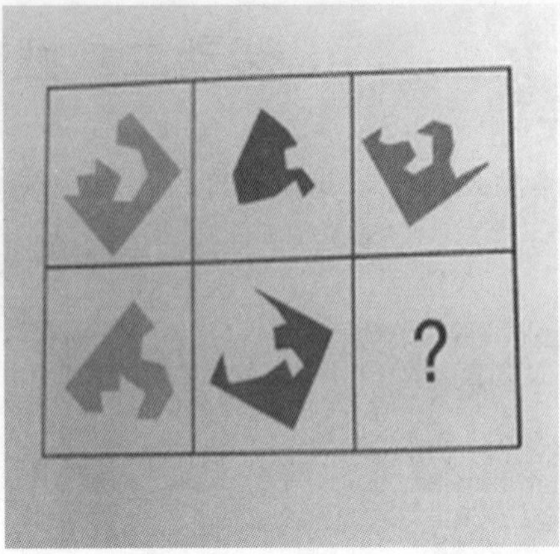

5. 下图中有一辆公共汽车，和 A、B 两个汽车站，请问：公共汽车现在是要驶向 A 车站还是 B 车站？（图片观察时间为 1 分钟）

6. 一个公安局局长在路边同一位老人谈话，这时跑过来一个小孩。

小孩急促地对公安局局长说："你爸爸和我爸爸吵起来了！"

老人问："这孩子是什么人？"

公安局局长说："是我儿子。"

请回答：这两个吵架的人和公安局局长是什么关系？

活动三：创新应变

1. 回形针有无数种用途，请轮流说出回形针的一种用途，不可重复。

2. 珍珠剧本。请像串珍珠一样，从下列词语选出10个串联起来，编成一个简短的故事。

流浪 日历 游泳 蚂蚁 剪刀 忏悔 哑铃 网红 服务 开放

吓死宝宝了 稀饭 干杯 青春期 宫廷 新闻联播 洗衣液 拔牙 燃爆

3. 下图是用8根火柴棒摆成的1条鱼，请你移动3根火柴，使鱼头向右。

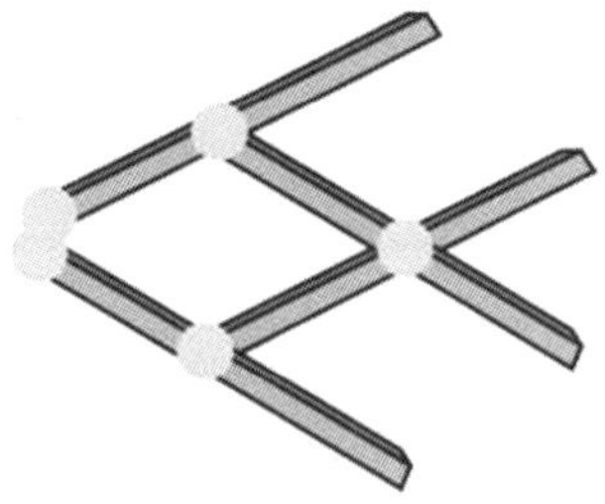

4. 请用4条直线，用连续的一笔将以下9个点串连起来，即线条之间须连贯，且不可重复。

5. 小明在桌子上点燃了10根蜡烛，风吹灭了2根；过了一会他经过时看到又有1根灭了。为了不让风继续吹灭蜡烛，小明把窗户关上了，蜡烛再没被吹灭过。请问：最后剩下多少根蜡烛？

6. 现有三人三鬼乘一小船过河，客观条件：

（1）人或鬼都会驾船；

（2）任何时候在一个地方（此岸、彼岸或船上），人数不可少于鬼数，否则鬼会吃掉人；

（3）小船最多载两个生物（人或鬼）。

请问：应该如何安排人鬼过河，把人和鬼都送到对岸？

参考答案：

活动一：类比归纳

1. B　2. B　3. C　4. 19　5. D　6. B

活动二：推理判断

1. B 与竖线垂直，A 是斜着的。

2. 答案如下图所示。

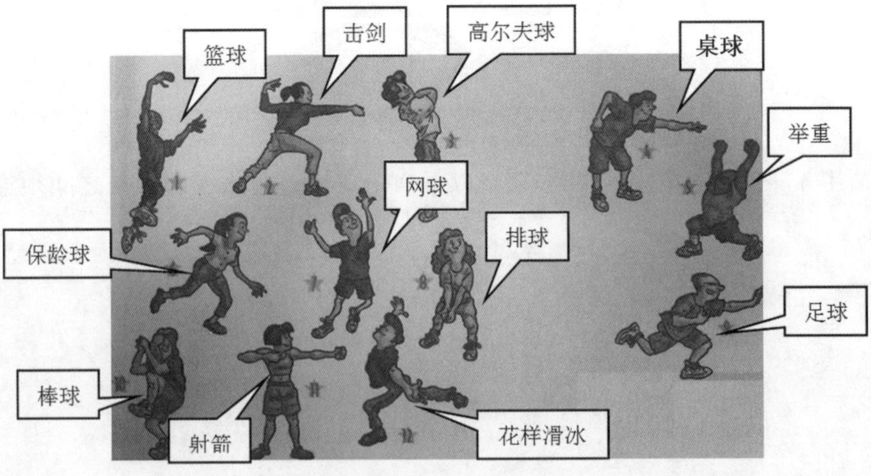

3. B　4. A　5. A 车站　6. 公安局局长的父亲和丈夫

活动三：创新应变

1. 参考用途如下（合理即可）

（1）开锁 （2）别纸 （3）特制成纽扣 （4）固定纸张 （5）当牙签剔牙
（6）做手工艺品 （7）挂窗帘 （8）做饰品 （9）扎破气球 （10）防身
（11）抵住车胎气门放气 （12）做临时的导线导电 （13）当手机挂链
（14）固定小物件 （15）钥匙环 （16）挂画或者照片 （17）清理指甲
（18）支撑小物件 （19）晾衣架 （20）当企业商标 （21）电线卡子
（22）当鱼钩 （23）挑水泡 （24）穿东西 （25）计数 （26）腰链
（27）固定小昆虫标本 （28）扣子坏了暂时用其代替 （29）做小工具的轴
（30）手链 （31）小药撵 （32）钥匙挂钩 （33）叉食物 （34）做数字
（35）做字母 （36）刺破青春痘 （37）夹文件 （38）捅东西 （39）写字
（40）小电路板的导线 （41）做标记 （42）串成晾衣绳 （43）串成跳绳
（44）挂钩 （45）捆绑 （46）当托盘天平砝码 （47）物理实验导热
（48）化学实验材料 （49）食品袋封口 （50）别花

2. 略（逻辑合理即可）

3. 移动方法如图所示

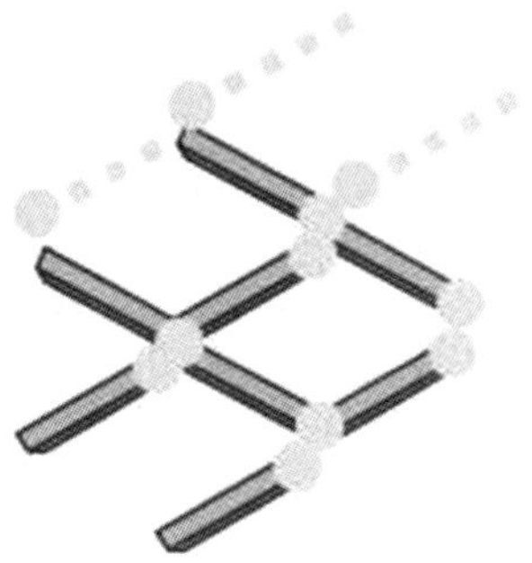

4. 连线如图所示

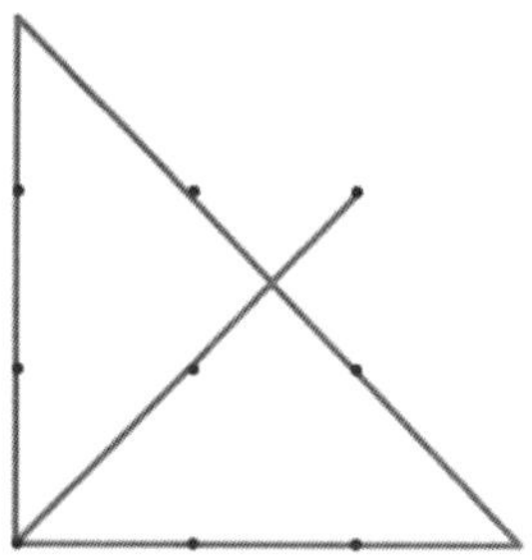

5. 3 根

6. 人鬼过河顺序参考：

（1）一鬼一人过，鬼上岸；

（2）人回，人上岸，两鬼过去，一鬼上岸一鬼回；

（3）两人上船，一人上岸，一鬼一人回，一鬼上岸两人上船；

（4）两人上岸，鬼上船去接剩下的鬼。

专题 5　表达与理解能力训练

活动一：你说我猜

活动目标

通过活动训练学生的口头表达能力和理解能力。

活动准备

（1）准备家庭、学校、单位、超市、医院等不同生活场景的词语、图片或句子。

（2）准备计时器。

方法步骤

（1）学生两人一组，相互配合，一人说，一人猜，时间为 2 分钟。

（2）说的人可以用肢体语言和口诉语言表达的形式来向猜词者传达信息，但是不得说出词语中带有的字。猜测者的答案需和系统出的词完全一致才算正确。猜不出可以喊过，期间不可以过 3 个。

注意事项

（1）观众不可提醒。

（2）记录每组学生的表现，依等级给予相应的评价及奖励。

活动图示

活动二：故事排序

活动目标

通过活动训练学生的逻辑能力和表达理解能力。

活动准备

（1）挑选不同主题的文章，打断其原有次序，从简单到复杂，制成任务页。

（2）学生每人1盒彩色笔。

方法步骤

（1）出示任务页，指导学生阅读任务要求，适当进行讲解、示范。

（2）学生根据自己的理解给故事排序，个别需要根据故事绘画。

注意事项

（1）从活动开始进行计时，记录每个学生完成任务的时长。

（2）根据学生完成任务的时间、速度、质量的差异，依等级给予相应的评价及奖励，对没能按要求完成任务的同学给予指导和鼓励。

故事排序1

【任务要求】

1. 请根据理解，在括号里写上序号使这段话通顺、连贯。

2. 根据你的理解，给各个步骤配上一幅示意图。

（　　）首先，用温水化开酵母后倒入面粉、玉米淀粉、白糖、油搅拌揉成面团。

（　　）接着，将发好的面团加入苏打粉揉匀，静置15分钟备用。

（　　）最后，将包子放入锅中，用大火蒸15分钟关火，焖3分钟后取出即可。

（　　）再将面团揉成长条，分成若干份，包入馅料。

（　　）然后，把叉烧肉煎熟，加入蜂蜜，用水淀粉勾芡成馅待用。

给以下示意图按先后次序标号：

（　　）

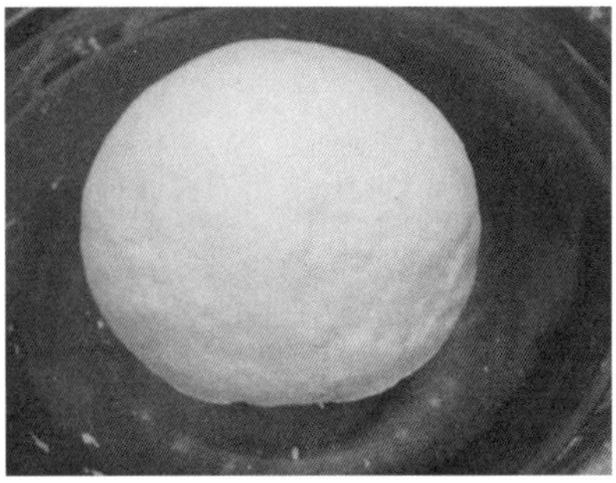

（　　）

（　　）

（　　）

（　　）

班级：________　　姓名：________　　时间：________

成绩：________　　评语：________________________________

故事排序2

【任务要求】

1. 请根据理解，在括号里写上序号使这段话通顺、连贯。

2. 根据你的理解，给这个故事选一幅插图。

（　　）一天，趁老师不在屋，他悄悄溜出门去玩。

（　　）唐代大诗人李白，小时候不喜欢读书。

（　　）老婆婆说："我在磨针。"

（　　）李白很纳闷，上前问："老婆婆，您磨铁杵做什么？"

（　　）他来到山下小河边，见到一位老婆婆在石头上磨一根铁杵。

（　　）李白吃惊地问："哎呀！铁杵这么粗大，怎能磨成针呢？"

（　　）李白听后，想到自己，心中惭愧，转身跑回书屋。

（　　）老婆婆笑呵呵地说："只要天天磨，铁杵就能越磨越细，还怕不成针？"

（　　）从此，他发奋读书，终于成为一位伟大的诗人，并被称为"诗仙"。

你会选哪一幅插图？请打钩。

（　　）

（　　）

班级：________　　姓名：________　　时间：________

成绩：________　　评语：________________________

故事排序 3

【任务要求】

1. 请根据理解，在括号里写上序号使这段话通顺、连贯。

2. 根据你的理解，给这个故事配上一幅插图。

(　　) 整个大地好像盖上了一层白绒毯。

(　　) 雪停了，小红和小刚拿着扫帚去扫雪。

(　　) 雪花像鹅毛纷纷扬扬地飘落下来。

(　　) 北风吹，雪花飘。

(　　) 慢慢地，树变白了，房子变白了，马路也变白了。

你画的插图：

班级：________　　姓名：________　　时间：________

成绩：________　　评语：________________________________

故事排序 4

【任务要求】

1. 请根据理解，在括号里写上序号使这段话通顺、连贯。

2. 根据你的理解，给这个故事配上一幅插图。

（　　）2018 年 5 月 14 日，川航 3U8633 航班在近万米高空突遇右前风挡玻璃破裂脱落的险情。

（　　）当时，整个驾驶舱瞬间失压，温度骤降，副驾驶甚至被强大的气流吸出舱外半个身子。

（　　）与此同时，客舱也开始面临失压风险，旅客座位上方氧气面罩自动脱落。

（　　）这架 A319 干线客机随时面临着更为严峻的安全考验。

（　　）生死关头，机长刘传健果断应对，带领机组成员临危不乱、正确处置，成功备降双流机场，确保了机上 119 名旅客生命安全。

你画的插图：

班级：________　　姓名：________　　时间：________

成绩：________　　评语：______________________________

活动三：看图说话

活动目标

通过活动训练学生的观察能力、理解能力和语言表达能力

活动准备

（1）学生准备家庭大合照、个人简历等。

（2）教师准备不同场景主题的图片，从简单到复杂，制成任务页。

方法步骤

（1）出示任务页，指导学生阅读任务要求，适当进行讲解、示范。

（2）学生根据自己的理解，口头表述。

注意事项

（1）从活动开始进行计时，记录每个学生完成任务的时长。

（2）根据学生完成任务的时间、速度、质量的差异，依等级给予相应的评价及奖励，对没能按要求完成任务的同学给予指导和鼓励。

看图说话 1

【任务要求】

1. 请粘贴你的家庭大合照。
2. 展示你的家庭大合照，向大家介绍一下你的家人。

幸福的一家

提示提纲：

1. 我的家庭有哪些成员，他们从事什么职业。
2. 我们一起最喜欢做哪些事情。
3. 与其他家庭相比，我的家庭有什么独特之处。
4. 我最喜欢家庭的哪一点。

班级：________　　姓名：________　　时间：________

成绩：________　　评语：________________________________

看图说话 2

【任务要求】

1. 请先看图思考几个问题。
2. 再向大家讲述一个合情合理的故事。

提示提纲：

1. 这个故事发生在什么时候？
2. 图片里有多少人？
3. 他们在做什么？
4. 他们各自有什么感受呢？

班级：________ 姓名：________ 时间：________

成绩：________ 评语：________________________

看图说话3

【任务要求】

1. 请先看图思考几个问题。
2. 再向大家讲述你的看法。

提示提纲：

1. 这是哪里？你去过这个地方吗？
2. 通常你跟谁一起去？
3. 出门前，你会做好购物计划吗？
4. 最近的一次购物，你买了什么，花了多少钱？
5. 你会根据哪些因素来挑选物品？

班级：________ 姓名：________ 时间：________

成绩：________ 评语：____________________________

看图说话 4

【任务要求】

1. 请先看图思考几个问题。

2. 再按要求发言。

提示提纲：

1. 这是哪里？你去过这个地方吗？

2. 你愿意在这里工作吗？

3. 你觉得自己可以胜任哪些工作岗位？

4. 如果在这里工作，你会考虑哪些因素？

5. 如果有面试的机会，你会怎样向人事经理推荐自己？

班级：________ 姓名：________ 时间：________

成绩：________ 评语：________________________________

活动四：言外之意

活动目标

通过活动训练学生的理解和表达能力。

活动准备

教师准备不同场景主题的训练题目，从简单到复杂，制成任务页。

方法步骤

（1）出示任务页，指导学生阅读任务要求，适当进行讲解、示范。

（2）学生根据自己的理解，完成任务，有时间可口头表述。

注意事项

（1）从活动开始进行计时，记录每个学生完成任务的时长。

（2）根据学生完成任务的时间、速度、质量的差异，依等级给予相应的评价及奖励，对没能按要求完成任务的同学给予指导和鼓励。

言外之意1

【任务要求】

请根据语境，写出具体的言外之意。

1. 一个人问他的朋友：“你喜欢冬天吗?”朋友回答说：“当然。但是，我的皮肤不喜欢。”

这个朋友的言外之意是：____________________

2. 小刚在自家阳台上浇花，楼下李阿姨对他说：“小刚，你真爱美啊，我家刚晾的被子也锦上添花了。”

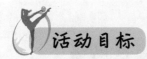

A. 你听出李阿姨的言外之意是：______

B. 如果你是小刚，应该怎样回答李阿姨：______

3. 小明匆匆走进教室，习惯用纸巾把自己的座位擦干净，随手将纸巾扔在地上。同学小敏看见后说："你很讲究个人卫生啊!"小明不好意思地笑了笑，说："______。"随手将纸巾捡起来，扔到课室的垃圾桶里。

A. 小敏的话言外之意是：______

B. 如果你是小明，你怎么说才得体呢？请在文中填写。

班级：______ 姓名：______ 时间：______

成绩：______ 评语：______

言外之意 2

【任务要求】

请根据语境，写出具体的言外之意。

1. 某上级主管对下属职员说："看看你干的好事!"

A. 这位主管的言外之意是：______

B. 如果你是这位职员，你会说：______

2. 有两个朋友碰到一起。第一个人说："如果你对跑步感兴趣的话，学校里有不错的田径队。"第二个人回答："我爬楼梯还得停下来喘几口气呢!"

A. 第一个人的言外之意是：______

B. 第二个人的言外之意是：______

3. 考试前夕，小强接到老师的通知，周末和同学一起参加学校招生宣传活动的培训。回家后，小强把培训通知告诉妈妈。妈妈对小强说："我和你爸爸已经商量好我们周末一起外出旅游呢。"

A. 妈妈的言外之意是：______

B. 如果你是小强，你会怎么说服妈妈？______

班级：______ 姓名：______ 时间：______

成绩：______ 评语：______

专题6　精细动作训练

活动一：巧手开花

活动目标

通过活动训练学生的手眼协调能力、手指灵活度和耐心。

活动准备

（1）挑选各种剪纸图案，图形可从简单到复杂，制成图样。

（2）学生每人1只勾线笔，1把剪刀以及各种颜色的彩纸，白纸、胶水若干。

方法步骤

（1）教师出示剪纸图样（样式如图示），根据图样的复杂程度进行适当说明及操作示范。

（2）学生根据示范，按要求折纸，并将图案画到折好的剪纸上。

（3）学生根据画好的图案，将多余的部分剪出来，制作成相应的剪纸图形。

（4）用胶水将剪纸粘贴到白纸上，制成成品。

注意事项

（1）活动过程教师要提醒注意安全，避免因剪刀使用不慎而出现伤害事件。

（2）对于个别动手能力相对较弱的学生，教师可以将剪纸图案事先折好、画好，学生负责剪制即可。

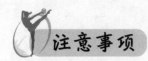

活动图示

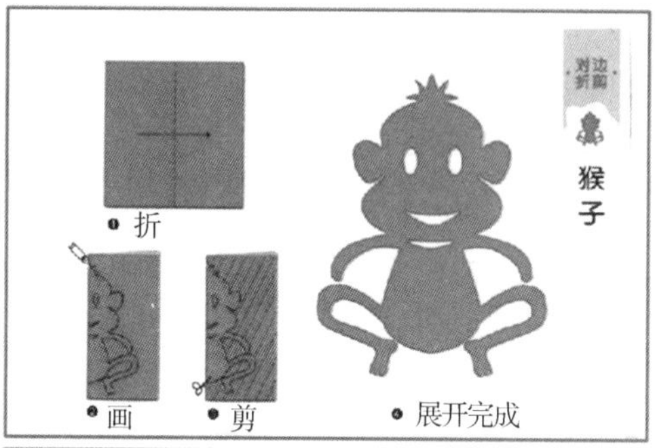
对边折剪
猴子
❶ 折
❷ 画
❸ 剪
❹ 展开完成

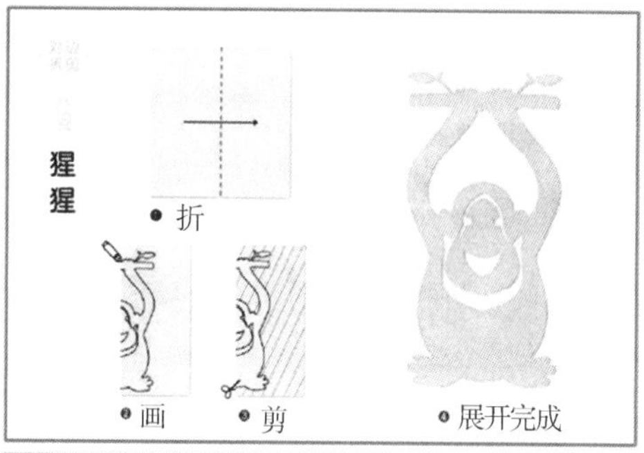
猩猩
❶ 折
❷ 画
❸ 剪
❹ 展开完成

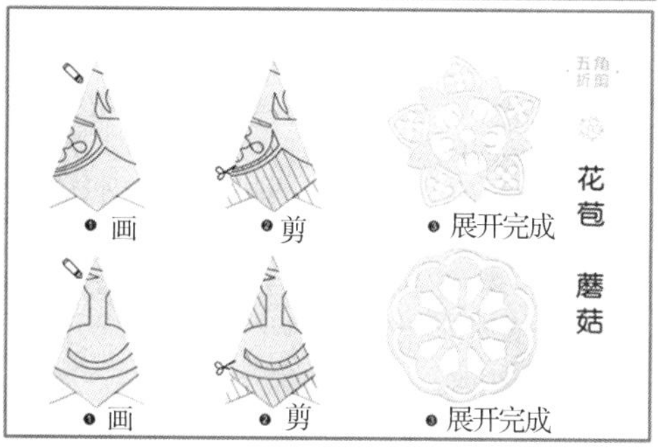
五角折剪
花苞
❶ 画
❷ 剪
❸ 展开完成
蘑菇
❶ 画
❷ 剪
❸ 展开完成

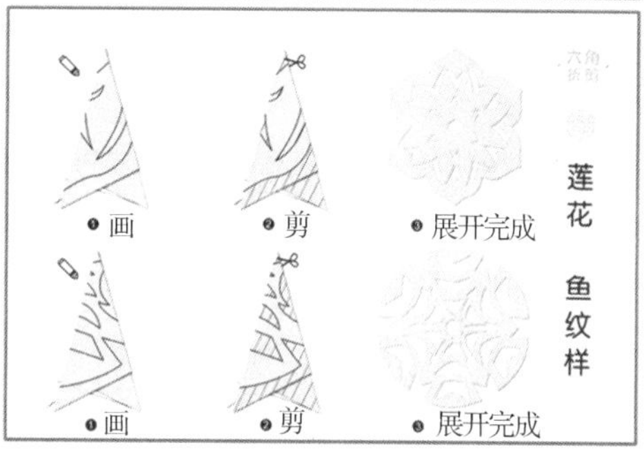
莲花
❶ 画
❷ 剪
❸ 展开完成
鱼纹样
❶ 画
❷ 剪
❸ 展开完成

活动二：快乐速递

活动目标

通过活动训练学生的手指灵活性及合作能力。

活动准备

（1）乒乓球100个，纸盒、筷子若干（具体数量根据活动人数准备）。

（2）节奏轻快的背景音乐。

方法步骤

（1）教师先将全班学生分成两组，先进行活动规则讲解和示范。

（2）学生分别排成一排，在指定位置站好，每个人各拿筷子一双，纸盒置于面前的桌子上。

（3）活动计时5分钟，第一位学生用筷子将纸盒中的乒乓球逐个夹到第二位学生的纸杯中，第二位学生将乒乓球夹到第三位的纸盒中，其余学生依次完成将乒乓球逐个运送到终点处的纸盒中。

（4）教师统计各个小组终点处乒乓球数量，数量多者获胜。

注意事项

（1）比赛过程中，如乒乓球掉落，不得将其重新放入纸盒中。

（2）对于多次失误的学生，教师需要及时关注并加以鼓励。

（3）及时捡拾掉落的乒乓球，防止学生走动过程中发生意外。

活动图示

活动三：创意多米诺

活动目标

通过活动训练学生的手指精细动作、专注力、观察力、创造力和合作能力。

活动准备

（1）1000片多米诺骨牌若干套（具体套数根据学生人数准备）。

（2）开阔的室内活动场地一块。

方法步骤

（1）教师讲解多米诺骨牌的使用方法，并介绍几种常用的摆放方法。

（2）学生根据教师的示范，利用10分钟时间练习多米诺骨牌的摆放方法。

（3）练习结束后，教师分别设置不同难度的任务模式，学生根据要求摆放多米诺骨牌。

（4）分组计时比赛，以骨牌全部被推倒的时间为准，未能完全推倒骨牌的小组需要重新调试，直到完成任务，用时最短的小组胜出。

（5）小组计时赛结束后，教师可以根据实际情况，让学生自由创造摆放多米诺骨牌，全班共同制作多米诺方阵。

注意事项

（1）根据学生的实际，骨牌计时赛的难度从简单到复杂，可以采用计质和计时两种比赛方式依次进行，增加趣味，增强学生信心。

（2）在学生摆放骨牌的过程中，教师要及时关注学生进行的情况，提醒学生保持安静，不要随意走动，轻拿轻放，摆牌时留意周边的骨牌和自己的动作，避免破坏已经摆好的图案。

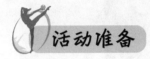

(3) 对于未能顺利完成任务的学生，教师可以动员其他小组的学生一起鼓励他们，给予他们支持，鼓励他们坚持完成任务。

活动图示

多米诺基本摆放方法图示

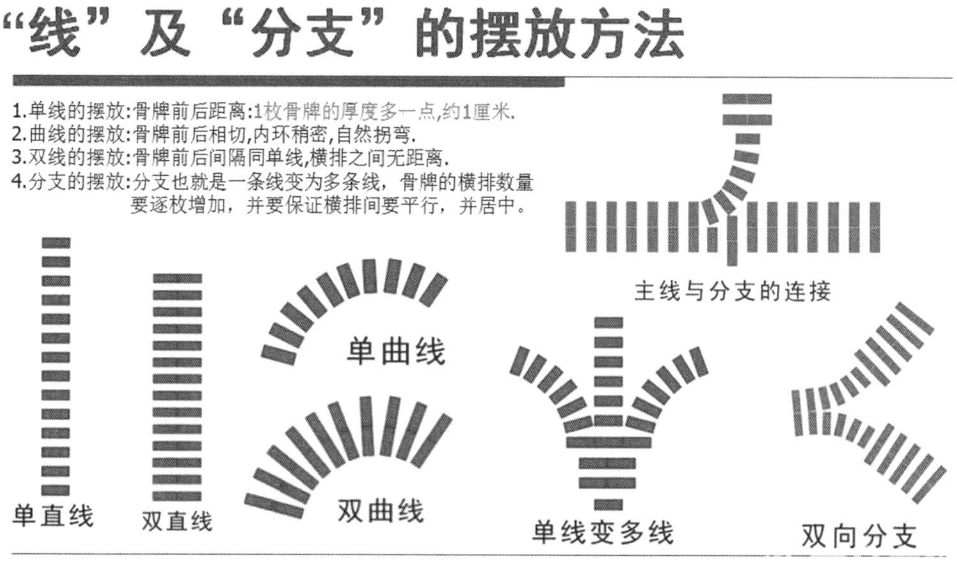
“线”及“分支”的摆放方法
1.单线的摆放:骨牌前后距离:1枚骨牌的厚度多一点,约1厘米.
2.曲线的摆放:骨牌前后相切,内环稍密,自然拐弯.
3.双线的摆放:骨牌前后间隔同单线,横排之间无距离.
4.分支的摆放:分支也就是一条线变为多条线，骨牌的横排数量要逐枚增加，并要保证横排间要平行，并居中。
主线与分支的连接
单曲线
单直线
双直线
双曲线
单线变多线
双向分支

不同难度的多米诺任务示例

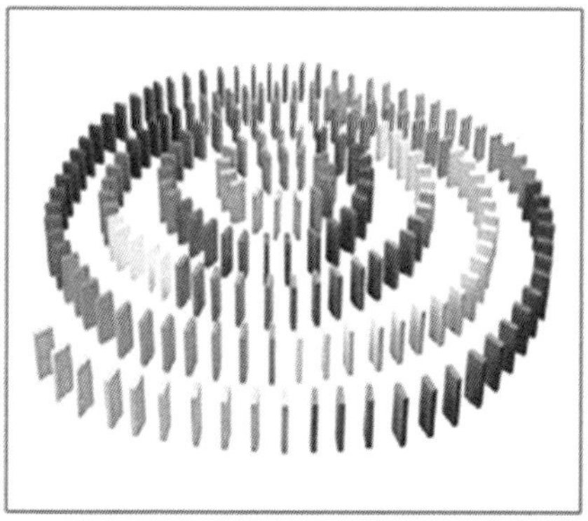

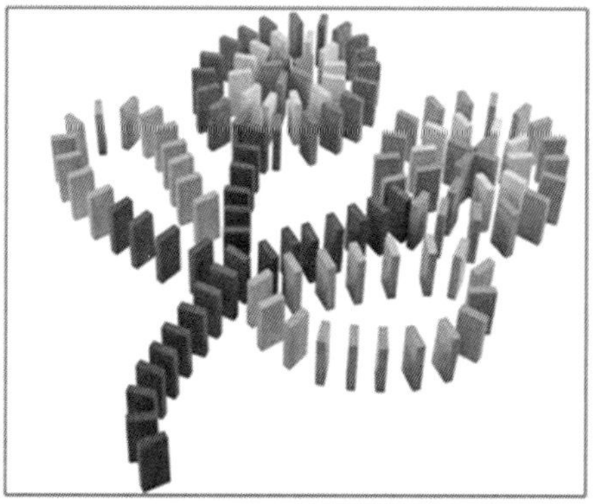

团体活动图示

专题 7　感觉认知训练

活动一：尝食猜物

活动目标

通过活动训练学生的感知觉和表达理解能力。

活动准备

（1）准备 10 种不同的食物，分别包含各种不同颜色、味道、气味、形状、口感、质地等感觉特性。

（2）眼罩。

方法步骤

（1）可提前出示食物种类给学生，以控制猜测范围，提高兴趣。

（2）一位学生上台蒙上眼睛，转三圈，老师给他（她）喂一种食物，他（她）吃完后不能直接说出是什么，而是要描述这个食物的形状、气味、味道、口感和吃的时候发出的声音。其他人根据他的描述及尝食者的表情猜是什么食物。

（3）公布答案，引导学生观察这种食物的形状、颜色，闻闻气味、尝尝味道，听听咀嚼食物发出的声音。

注意事项

根据学生完成猜出食物的程度，依等级给予相应的评价及奖励，对没能按要求完成任务的同学给予指导和鼓励。

活动图示

活动二：鉴貌辨色

活动目标

通过活动训练学生的各种感知能力。

活动准备

挑选不同主题图片、制作任务卡。

方法步骤

根据不同主题完成任务卡。

鉴貌辨色 1

【任务要求】

1. 请在下图中找出快乐情绪的照片，并在图片下面的括号打√。

（　　）

（　　）

2. 请在以图中找出愤怒情绪的照片，并在图片下面的括号打√。

（　　）

（　　）

3. 请找出难过、沮丧情绪的照片，并在图片下面的括号打√。

（　　）

（　　）

4. 请在图片下方横线上写出各图片可能蕴含的情绪词语。

A. ____________

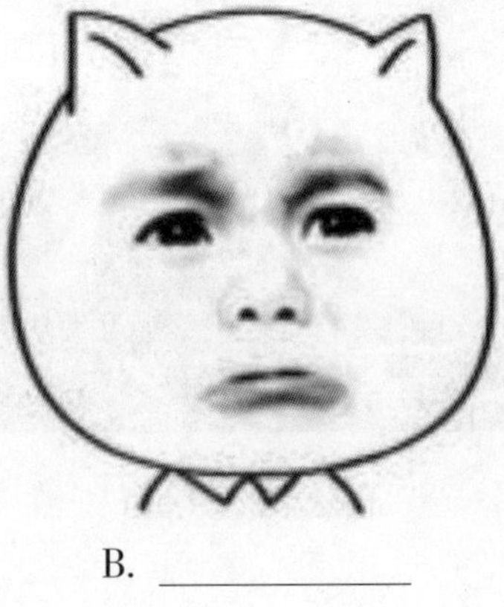

B. ____________

C. ____________

D. ____________

班级：________　　姓名：________　　时间：________

成绩：________　　评语：________________________________

鉴貌辨色 2

【任务要求】

1. 先将零散图块拼成下列的完整图片。
2. 指认不同图片人物的职业。

职业：________

职业：________

职业：________

职业：________

职业：________

职业：________

班级：________ 姓名：________ 时间：________

成绩：________ 评语：________________________________

鉴貌辨色 3

【任务要求】

将判断题中的行为对自己的危险程度，给它打分，0 为不危险，10 为最危险。

A. 熬夜打游戏 ________

B. 按时吃饭 ________

C. 吸烟 ________

D. 过马路闯红灯 ________

E. 饭后刷牙 ________

F. 按时睡觉 ________

G. 放学后跟朋友去玩，但没跟父母说 ________

H. 喝酒 ________

I. 勤洗手 ________

J. 每天保持适量的运动 ________

K. 和异性牵手 ________

L. 和异性亲吻 ________

M. 和异性发生性行为 ________

完成判断之后，教师引导学生进一步探讨对于自己认为危险的行为，采取怎样的措施和方法能减少和降低危险性。

班级：________ 姓名：________ 时间：________

评语：________________________________

活动三：听声判断

活动目标

通过活动训练学生的听觉能力。

活动准备

准备不同的声音：人类自身的声音，如男声、女声、不同年龄人的声音、叫卖声、演唱声等；人类情绪变化时的声音，如打闹声、哭叫声、嘻笑等；赞赏、责骂等不同的语气、语调的声音。

方法步骤

（1）教师播放声音，学生辨认声音，做出判断。

（2）每人唱或哼一首最喜爱的歌曲。

注意事项

根据学生的实际水平等级和进步情况给予相应的奖励。

活动四：花式排队

活动目标

通过活动训练学生的专注力、感知觉能力。

活动准备

计时器。

方法步骤

（1）教师先做讲解、示范、组织。

（2）全班同学按身高从低到高纵向排队。

（3）全班同学按年龄从小到大横向排队。

（4）全班同学按头发长短，由短到长纵向排队。

（5）全班同学按鞋的大小，由大到小横向排队。

（6）全班同学按胳膊的长短，由短到长横向排队。

注意事项

（1）要求用最短的时间按要求完成排队；完成任务后，全体学生立刻选择拍手或唱歌、跺脚等示意。

（2）根据学生的实际水平等级和进步情况给予相应的奖励。

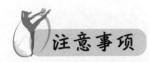

专题8　专注与协调能力训练

活动一：连线涂色

活动目标

通过活动训练学生的专注力和手部动作协调能力。

活动准备

（1）挑选各种图案，图形可从简单到复杂，图案的轮廓由点构成，制成任务页。

（2）学生每人1只勾线笔、1盒彩色笔（或蜡笔）。

方法步骤

（1）出示任务页，指导阅读任务要求，适当进行讲解、示范。

（2）先把图案的虚线用笔连成实线，保持线条流畅、符合原图形，尽量不要超出黑点。

（3）再给连好线的图形涂上喜欢的色彩，尽量不要涂出图形轮廓。

注意事项

（1）从活动开始进行计时，记录每个学生完成任务的时长。

（2）根据学生完成任务的时间、速度、质量的差异，依等级给予相应的评价及奖励，对没能按要求完成任务的同学给予指导和鼓励。

任务页样式1

给图形“连线涂色”

【任务要求】

1. 先把下列图案的虚线连成实线，尽量保持线条流畅符合原图形
2. 再给图形涂上喜欢的颜色，尽量不要涂出轮廓

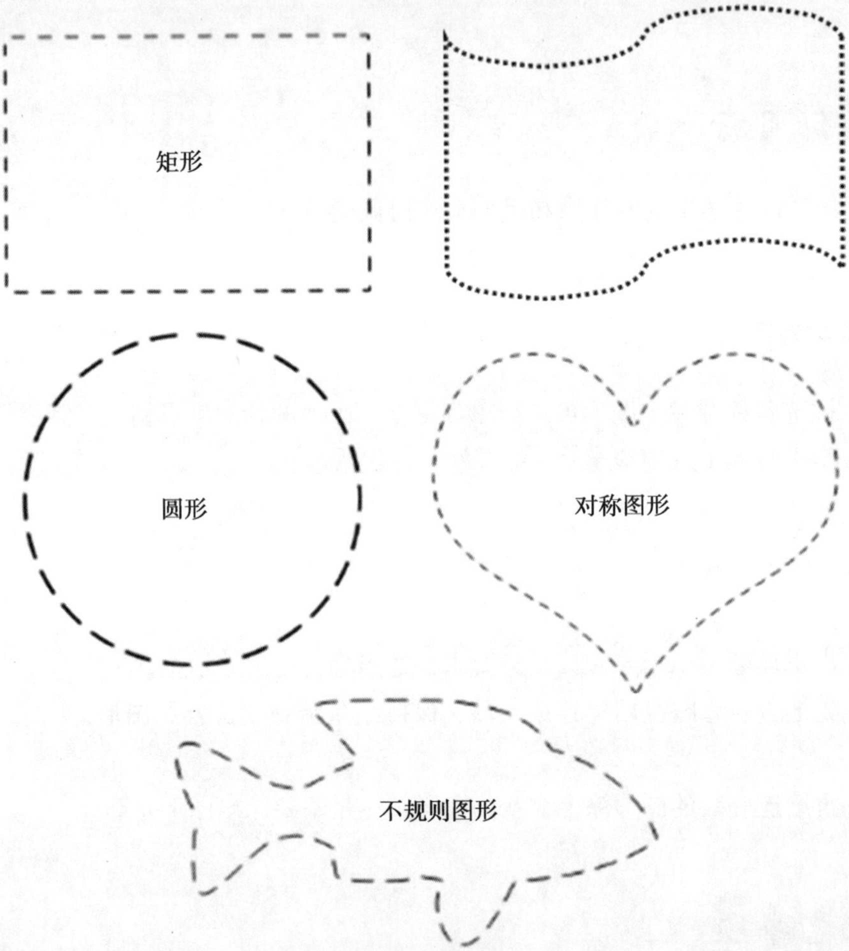

班级：________ 姓名：________ 时间：________

成绩：________ 评语：________________________________

任务页样式2

给小熊“连线涂色”

【任务要求】

1. 先把小熊图案的虚线连成实线，尽量保持线条流畅符合原图形。
2. 再给图形各部位涂上喜欢的颜色，尽量不要涂出轮廓。

班级：________ 姓名：________ 时间：________

成绩：________ 评语：________________________________

任务页样式3

给公鸡“画线涂色”

【任务要求】

1. 先用棕色彩笔照着公鸡的线条轮廓再画一次，尽量保持与图形一致的线条形状。

2. 再给图形涂上喜欢的颜色，不同部位涂不同颜色，尽量不要涂出轮廓。

班级：________　　姓名：________　　时间：________

成绩：________　　评语：______________________________

活动二：平衡随心走

活动目标

通过活动训练学生的专注力和身体平衡协调能力。

活动准备

（1）挑选地上有线条的场地，如课室地砖的线条，也可在地面画线或贴线。

（2）准备轻快的音乐、计时器、跳袋若干。

方法步骤

（1）教师先做讲解、示范，并计时学生完成挑战的时间。

（2）学生排成一排，前后保持一定距离，双手侧平举；伴随音乐，每个人踩着地上的线走路，尽量不要离开线路，并保持身体的平衡。

（3）学生在原地闭眼，单脚站立 1 分钟，双手可打开保持平衡。

（4）学生按指定线路倒着走。

（5）学生套上跳袋按指定路线跳回终点。

注意事项

（1）开始可以走直线训练，后面可以走曲线训练；训练一段时间后当身体能保持平衡后，可以加快走路速度，越走越快、越稳越好。

（2）根据学生的实际可以把平衡性较好的同学安排在前面走。

（3）根据学生的实际水平等级和进步情况给予相应的奖励。

活动图示

活动三："巧手串珠"

活动目标

通过活动训练学生的专注力和眼手协调能力。

活动准备

各种不同大小、形状、颜色的珠子，线，盘子若干个。

方法步骤

（1）教师先做讲解、示范、组织。

（2）每人穿指定数量、颜色（如6个相同颜色）的珠子，看谁穿得最快；在指定时间内（如1分钟），看每个人分别能穿多少个指定的珠子；按照指定的排列（2红3黄4蓝）串珠子，看谁串得最快。

（3）分组接力串珠比赛，规定时间内，看哪个组串的珠子最多；按指定顺序串指定数量、排列的珠子串，看哪个组用时最短。

注意事项

（1）根据学生的实际，串珠子规则从简单到复杂，采用不同形式的规则、比赛，激发学生的兴趣，提升训练水平。

（2）根据学生的实际水平等级和进步情况给予相应的奖励。

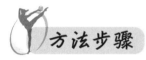

活动图示

专题9　手脑联动训练

活动一：叠叠高积木游戏

活动目标

通过活动训练学生的手脑联动能力和创造力。

活动准备

（1）多套叠叠高积木。

（2）准备舒缓的轻音乐。

方法步骤

（1）教师先讲解游戏规则，每人发一套叠叠高积木。

（2）每人用10块积木，在2分钟内，看谁能把积木叠成最高。

（3）每人有3分钟，不限定积木数量，看谁能把积木叠成最高。

（4）每人有3分钟，不限定积木数量，看谁能把积木叠成创意美观的宫殿或自己想完成的图案。

（5）指导学生按要求叠好高塔，然后按要求抽出相应的字母或数字，看谁完成得又快又好。

注意事项

（1）每回抽积木，只能使用单手，可以在不同回合换手；能力高的学生可以两两玩抽积木竞赛。

（2）根据学生训练表现的差异，依等级给予相应的评价及奖励，对无法完成任务的同学给予指导和鼓励。

活动图示

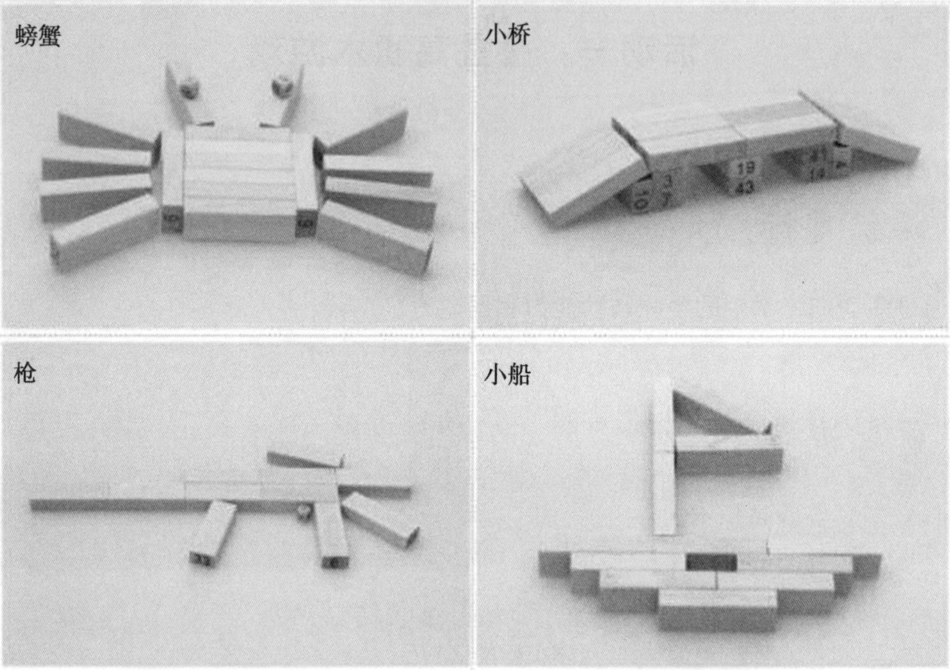

活动二：挑棍子

活动目标

通过活动训练学生的观察力、手脑联动能力及手指灵活性。

活动准备

挑棍、计分纸。

方法步骤

（1）一个参加者把所有挑棍抓在手中，握拳，垂直与桌上，突然放手。挑棍散落在桌上，堆成圈状，如果不满意所形成的圈状，可以重复再扔。

（2）参加者用手指逐一试着去提举挑棍，将挑棍一根根地收回，但不能动到或碰到别的小棒。失手者，换另一玩家提取。谁挑回的小棍越多，收集的分数越高，谁就是赢家。

注意事项

根据学生表现的差异，依等级给予相应的评价及奖励，对个别分数不高的同学给予指导和鼓励。

活动图示

计分纸样式

班级：________ 时间：________

看谁最棒

姓名：________ 姓名：________

第一回合：________________ ________________

第二回合：________________ ________________

第三回合：________________ ________________

第四回合：________________ ________________

第五回合：________________ ________________

评语：____

____

____

活动三：身体拷贝游戏

活动目标

通过活动训练学生的专注力和手脑联动能力。

活动准备

身体挂图。

方法步骤

（1）教师先做讲解、示范、组织。

（2）每人的手指指向自己的身体，说出这个身体部位的名称。

（3）两人一组，一人指着自己身体部位问：“这里是哪里？”另一人指着自己身体相同的部位，反口令回答：“这里是××。”在2分钟内，看谁答对的次数多。

（4）两人一组，一人指着自己身体部位问：“这里是哪里？”另一人反口令指着自己的其他身体部位，回答：“这里是××。”在2分钟内，看谁答对的次数多。

注意事项

（1）根据学生的实际，采用不同形式和规则组织活动和比赛，激发学生的兴趣，提升训练水平。

（2）根据学生的实际水平等级和进步情况给予相应的奖励。

活动四：手脑运动

活动目标

通过活动训练学生的专注力和手脑联动能力。

活动准备

各色不同主题的贴纸。

方法步骤

（1）教师先做讲解手指热身操并示范、组织。如一家人手指热身操：大拇指是爸爸，爸爸开汽车。嘀嘀嘀！（双手大拇指单伸出来，向下按。）爸爸旁边是妈妈，妈妈洗衣服。刷刷刷！（双手食指单伸出来，做搓衣服的动作。）个子最高是哥哥，哥哥打篮球。砰砰砰！（双手中指单伸出来，向上做投篮动作。）哥哥旁边是姐姐，姐姐在跳舞。嚓嚓嚓！（双手无名指单伸出来，做绕圈动作。）个子最小就是我，我在敲小鼓。咚咚咚！（双手小指单伸出来，做敲小鼓动作。）

（2）每人自由练习，老师指导。

（3）熟练后，可邀请学生上台表演。

（4）每人领一张主题贴纸，按要求把贴纸内容贴到相应位置，看谁贴得又快又准。

注意事项

根据学生的实际水平等级和进步情况给予相应的奖励。

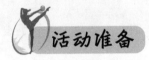

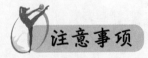

专题 10　团队协作训练

活动一：一圈到底

活动目标

通过活动提升学生的团体协作、沟通能力和身体协调能力。

活动准备

（1）准备大中小号的呼啦圈各 1 个，计时器 1 个。

（2）准备轻快的背景音乐。

方法步骤

（1）所有学生手拉手，站成一个面向圆心的圆圈。

（2）教师先做讲解、示范，分发一个大呼啦圈，套在起点学生的手臂上，在不用手的前提下，用呼啦圈穿过所有人的身体回到原位。在活动过程中，相互拉着的手不能放开，也不能用手指去勾呼啦圈。

（3）从最大号的呼啦圈开始，注意计时，看最快用了多少时间完成。能力高的学生可以两个呼啦圈同时进行。

注意事项

（1）开始前做好准备活动，并摘下身上贵重物品和有可能造成伤害的硬物。

（2）当学生找不到有效方法时，教师可以给予指导。结束后，教师给予相应评价及印章奖励。

活动图示

活动二：疯狂的设计

活动目标

通过活动训练学生团体协作能力和身体协调能力。

活动准备

（1）准备数字卡、字母卡、英语单词卡或笔画少的汉字卡。

（2）准备两张游戏毯、宽敞的场地。

（3）做好 PPT 课件。

方法步骤

（1）教师展示游戏规则，用身体摆出随机抽到的数字或字母。老师做讲解、示范，让学生领悟规则。

（2）全班学生一起用身体摆出随机抽到的数字、英语单词或汉字。若班级人数多，学生能力高，可以增加难度，让一人猜，其他人演示，猜的人站在高处，然后其他人需要在地上用身体拼字来告诉猜测者这词语。

注意事项

（1）从简单的数字、字母开始，再到需要团体配合的单词或汉字，有需要可以铺开毯子，躺在地上完成。

（2）根据学生的实际表现，给予相应评价及印章奖励。

活动图示

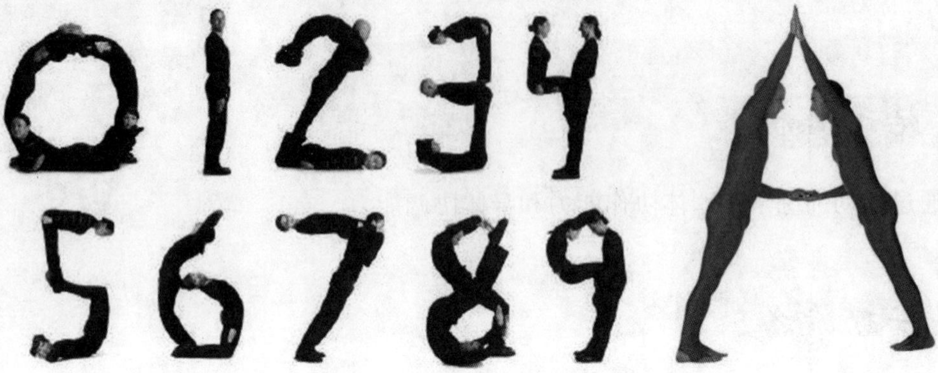

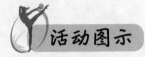

活动三：创意打击乐团

活动目标

通过活动训练学生的团队协作能力、乐感和创意。

活动准备

（1）准备破铜烂铁打击乐视频。

（2）准备一些沙锤、串铃、三角铁、小鼓。

方法步骤

（1）学生先观看破铜烂铁打击乐视频。

（2）教师讲解、展示三角铁、沙锤的声音，引导学生发掘拍打物品或身体的声音，制造不同的节奏。

（3）学生根据个人喜好，集体完成一场动听的打击乐表演。

注意事项

（1）可以让学生花 15 分钟摸索练习不同物品的声音。老师可以引导学生注意节奏，有条件可以分声部。

（2）根据学生的实际表现，给予相应评价及印章奖励。

活动图示

活动四：无敌风火轮

活动目标

通过活动培养团队协作能力和克服困难的团队精神。

活动准备

（1）挑选空旷的场地或把课室座椅放到一边。

（2）设定起点和终点线。

（3）准备20份报纸、2把胶带和2把剪刀。

（4）准备节奏强的音乐。

方法步骤

（1）视班级人数，以2～3人为一组，先分组竞赛，再全班一起，可分段计时对比。

（2）利用报纸和胶带制作可以容纳组内学生的封闭式大圆环，老师指导，适当进行讲解。

（3）教师带头示范，将圆环立起来，全组学生站到圆环上，身体的任何部分不得直接接触地面。

（4）伴随音乐，从起点边走边滚动大圆环到终点，报纸不能破损。若行进过程中风火轮断裂，必须在原地修复，此时队员可以接触地面但不能阻挡其他组的行进路线。

注意事项

（1）单张报纸竖向对折，然后一张一张用胶带粘到一起。鼓励学生思考，互相配合，有人整理报纸，有人剪胶带，有人粘，必须动作迅速，一旦某个人动作迟缓，将影响整体完成进度。

（2）风火轮完成以后，组内学生都要站进去，要保证足够空间，而且需要大家配合一致迈步走动。保证风火轮报纸不能破损，走的时候一定要注意节奏和协调。学生掌握窍门后，可以通过喊“1，2，3”来协调节奏。

（3）出发前，所有风火轮不得超出起点线，以风火轮全部通过终点线为项目截止时间。记录学生制作风火轮、运行风火轮的时长。活动结束后，让学生讲讲自己的体会，能力高的学生可以说说如果再来一次可以怎样改进。

（4）根据学生完成任务的表现，依等级给予相应评价及奖励，如最佳领导奖、最配合成员、最巧手成员等。

活动图示

参考文献

［1］中山市特殊教育学校．特殊儿童健康教育活动［M］．北京：中国轻工业出版社，2018.

［2］广州市中小学安全教育地方教材编委会．安全教育（初中全一册）［M］．广州：广东海燕电子音像出版社，2018.

［3］《健康教育》重编组．初中健康教育（第一册）［M］．北京：北京大学出版社，2010.

［4］《健康教育》重编组．初中健康教育（第二册）［M］．北京：北京大学出版社，2010.

［5］蔡静文，肖婕婷．心理健康［M］．广州：中山大学出版社，2016.

［6］吴发科．心理健康教育主题教学［M］．广州：广东省语言音像电子出版社，2008.

［7］边玉芳．心理健康［M］.2 版．上海：华东师范大学出版社，2007.

［8］刘文利．珍爱生命——小学生性健康教育读本［M］．北京：北京师范大学出版社，2015.

［9］蒋乃平．职业生涯规划［M］．北京：高等教育出版社，2013.

［10］幼师文化．西游大发现［M］．杭州：浙江少年儿童出版社，2011.

［11］张祥斌．给潜能挠挠痒——唤醒潜能的思维训练题［M］．武汉：华中科技大学出版社，2014.